Vorwort

Liebe Leserinnen und Leser,
vielen Dank, dass Sie sich für ein Buch der trainingsunterstützenden Reihe von handball-uebungen.de entschieden haben.

Im folgenden Band finden Sie fünf methodisch ausgearbeitete Trainingseinheiten die den Schwierigkeitsgrad ⭐⭐ (einfache Anforderung) haben. Die Trainingseinheiten sind konzipiert für Mannschaften ab dem C-Jugend-Alter, die einzelnen Übungen können aber leicht angepasst auch mit jüngeren Mannschaften absolviert werden. Thematisch bieten die fünf enthaltenen Trainingseinheiten Beispiele für individuelles Angriffstraining für Außen- und Rückraumspieler, Gegenstoßtraining, das Zusammenarbeiten in der Abwehr gegen den Kreisläufer sowie die Abwehrarbeit auf der Außenposition in offensiven Abwehrformationen.

Schwierigkeitsübersicht:

⭐	Einfache Anforderung (alle Jugend-/ Aktivenmannschaften)
⭐⭐	Mittlere Anforderung (geeignet ab C-Jugend bis Aktive)
⭐⭐⭐	Höhere Anforderung (geeignet ab B-Jugend bis Aktive)
⭐⭐⭐⭐	Intensive Anforderung (geeignet für Leistungsbereiche)

Wie in allen Bänden von handball-uebungen.de, liegt der Schwerpunkt des Buches in den praktischen Trainingseinheiten, die direkt in ein Training übernommen werden können. Lassen Sie sich inspirieren, wie eine Trainingsplanung gestaltet werden kann und bringen Sie auch Ihre eigenen Ideen mit ein. Ein kurzer theoretischer Abriss zur allgemeinen Trainingsplanung führt in das Thema ein und ermöglicht es Ihnen, Trainingseinheiten in Ihre Jahresplanung zu integrieren.

Beispielgrafik:

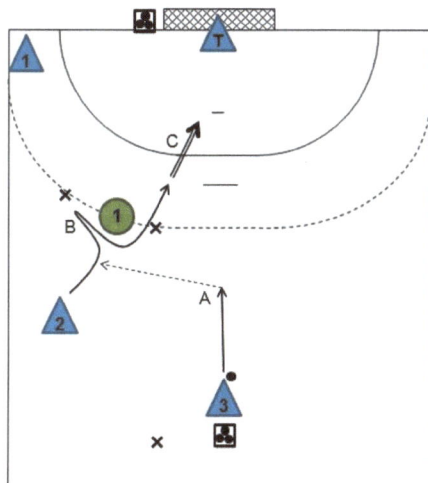

I0220752

Inhalt

1. Kurzer Einblick in die Jahresplanung

2. Aufbau von Trainingseinheiten

3. Die Rolle/Aufgaben des Trainers

4. Übersicht über die enthaltenen Trainingseinheiten

5. Trainingseinheiten
   - Individuelles Training für die Außenspieler
   - Gegenstoß in der 1. Welle für Torhüter und Feldspieler
   - Individuelles Training für die Rückraumspieler
   - Das Zusammenspiel in der Abwehr gegen den Kreisläufer im Mittelblock trainieren
   - Abwehrarbeit auf der Außenposition in offensiven Abwehrformationen

6. Druckvorlagen für die Trainingsplanung

7. Weitere Fachbücher von handball-uebungen.de

1. Auflage (30. Juli 2014)
Verlag: DV Concept (handball-uebungen.de)
Autoren: Jörg Madinger, Elke Lackner
ISBN: 978-3956411502

1. Kurzer Einblick in die Jahresplanung

Ziele des Trainings
Im **Erwachsenenbereich** wird ein Trainer in der Regel am sportlichen Erfolg (Tabellenplatz) gemessen. Somit richtet sich auch das Training sehr stark nach dem jeweils nächsten Gegner (Saisonziel) aus. Im Vordergrund steht, die Spiele zu gewinnen und die vorhandenen Potentiale optimal einzusetzen.

Im **Jugendbereich** steht die **individuelle Ausbildung** im Vordergrund. Diese ist das erste Ziel, das auch über den sportlichen Erfolg zu setzen ist. Auch sollen die Spieler noch umfassend, d.h. positionsübergreifend ausgebildet werden (keine Positionsspezialisierung, keine Angriffs-/Abwehrspezialisierung)

Jahresplanung
In der Jahresplanung sollten folgende Punkte beachtet werden:
- Wie viele Trainingseinheiten habe ich zur Verfügung (Ferienzeit, Feiertage und den Spielplan mit berücksichtigen)?
- Was möchte ich in diesem Jahr erreichen / verbessern?
- Welche Ziele sollten innerhalb einer Rahmenkonzeption (des Vereins, des Verbands z. Bsp. DHB) erreicht werden? In der Rahmenkonzeption des DHB finden Sie viele Orientierungshilfen für die Themen Abwehrsysteme, individuelle Angriffs-/Abwehrfähigkeiten und dazu, was am Ende welcher Altersstufe erreicht werden sollte
- Welche Fähigkeiten hat meine Mannschaft (haben meine individuellen Spieler)? Dies sollte immer wieder analysiert und dokumentiert werden, damit ein Soll-/Ist-Vergleich in regelmäßigen Abständen möglich ist

Jahresplanung

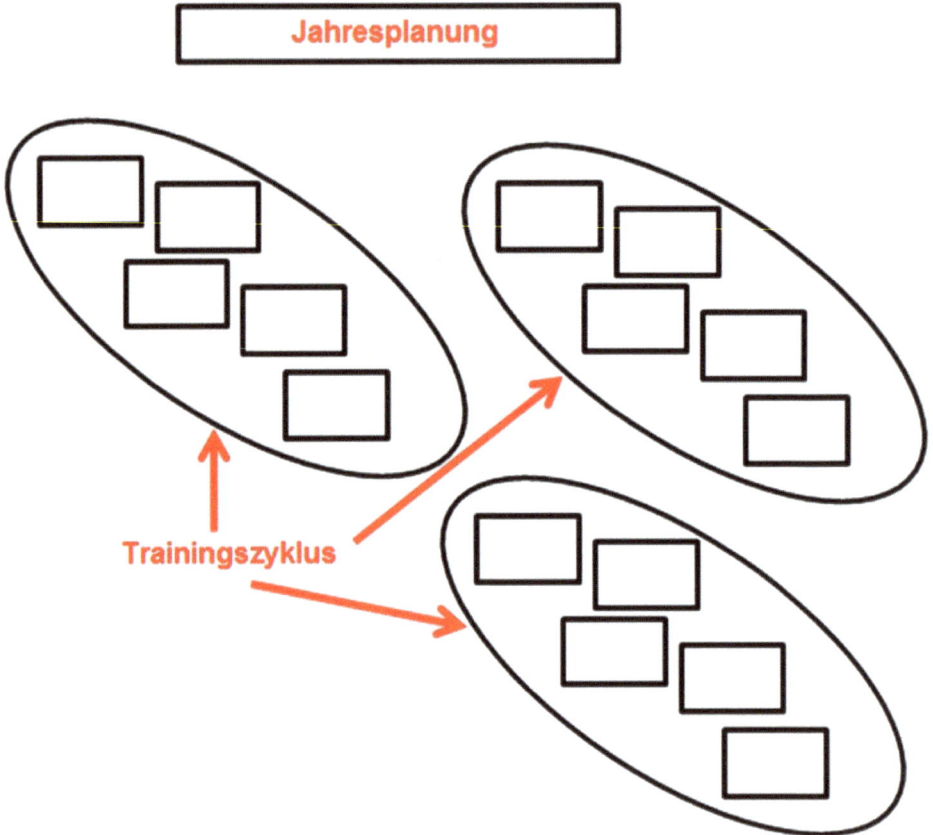

Trainingszyklus

Zerlegung der Jahresplanung in einzelne Zwischenschritte

Grundsätzlich gliedert sich eine Handballsaison in folgende Trainingsphasen

- Vorbereitungsphase bis zum ersten Spiel: Diese Phase eignet sich besonders zur Verbesserung der konditionellen Fähigkeiten wie der Ausdauer.
- 1. Spielphase bis zu den Weihnachtsferien: Hier sollte die Weihnachtspause mit eingeplant werden
- 2. Spielphase bis zum Saisonende

Diese groben Trainingsphasen sollten dann schrittweise verfeinert und einzeln geplant werden.

- Einteilung der Trainingsphasen in einzelne Blöcke mit blockspezifischen Zielen (z.B. Monatsplanung)
- Einteilung in Wochenpläne
- Planung der einzelnen Trainingseinheiten

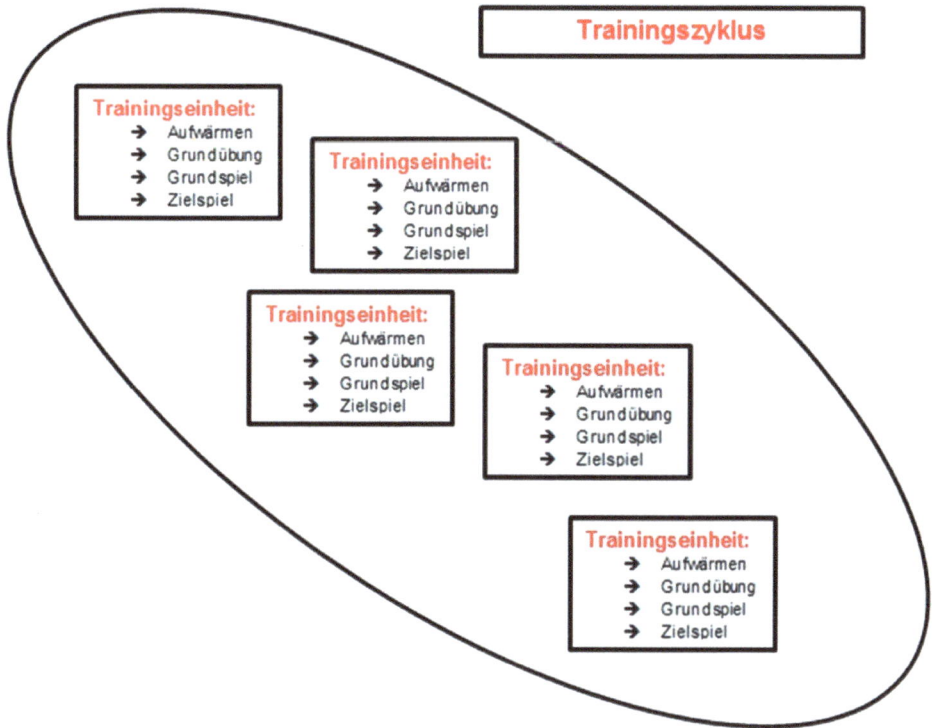

Trainingszyklus

Trainingseinheit:
→ Aufwärmen
→ Grundübung
→ Grundspiel
→ Zielspiel

Trainingseinheit:
→ Aufwärmen
→ Grundübung
→ Grundspiel
→ Zielspiel

Trainingseinheit:
→ Aufwärmen
→ Grundübung
→ Grundspiel
→ Zielspiel

Trainingseinheit:
→ Aufwärmen
→ Grundübung
→ Grundspiel
→ Zielspiel

Trainingseinheit:
→ Aufwärmen
→ Grundübung
→ Grundspiel
→ Zielspiel

Trainingseinheiten strukturiert aufbauen

Sowohl bei der Jahresplanung als auch bei der Planung der einzelnen
Trainingseinheiten sollte eine klare Struktur erkennbar sein.

- Mit Blöcken arbeiten (siehe Monatsplanung): es sollte (gerade im
  Jugendbereich) über einen Zeitraum am gleichen Thema gearbeitet werden.
  So können sich Übungen wiederholen und die Abläufe können sich einprägen
- Jedes Training sollte einen klaren Trainingsschwerpunkt haben. Die Themen
  sollten innerhalb einer Trainingseinheit nicht gemischt werden, sondern es
  sollten alle Übungen einem klaren Ziel folgen.
- Die Korrekturen im Training orientieren sich am Schwerpunkt (bei
  Abwehrtraining wird die Abwehr korrigiert und gelobt)

2. Aufbau von Trainingseinheiten

Der Schwerpunkt des Trainings sollte das einzelne Training wie ein roter Faden durchziehen. Dabei in etwa dem folgenden zeitlichen Grundaufbau (Ablauf) folgen:
- ca. 10 (15) Minuten Aufwärmen
- ca. 20 (30) Minuten Grundübungen (2 bis max. 3 Übungen, plus Torhüter einwerfen)
- ca. 20 (30) Minuten Grundspiel
- ca. 10 (15) Minuten Zielspiel

1. Zeit bei 60 Minuten Trainingszeit / 2. Zeit in Klammer bei 90 Minuten Trainingszeit

Inhalte des Aufwärmens
- Trainingseröffnung: es bietet sich an, das Training mit einem kleinen Ritual (Kreis bilden, sich abklatschen) zu eröffnen und den Spielern kurz die Inhalte und das Ziel der Trainingseinheit vorzustellen
- Grunderwärmung (leichtes Laufen, Aktivierung des Kreislaufs und des Muskel- und Kochen-Apparats)
- Dehnen/Kräftigen/Mobilisieren (Vorbereitung des Körpers auf die Belastungen des Trainings)
- Kleine Spiele (diese sollten sich bereits am Ziel des Trainings orientieren)

Grundübungen
- Ballgewöhnung (am Ziel des Trainings orientieren)
- Torhüter einwerfen (am Ziel des Trainings orientieren)
- Individuelles Technik- und Taktiktraining
- Technik- und Taktiktraining in der Kleingruppe

Grundsätzlich sind bei den Grundübungen die Lauf- und Passwege genau vorgegeben (der Anspruch kann im Laufe der Übung gesteigert und variiert werden)

Hinweise zur Grundübung
- Alle Spieler den Ablauf durchführen lassen (schnelle Wechsel)
- Hohe Anzahl an Wiederholungen
- Mit Rotation arbeiten oder die Übung auf beiden Seiten gleichzeitig/mit geringer Verzögerung durchführen, damit für die Spieler keine lange Wartezeiten entstehen
- Individuell arbeiten (1gg1 bis max. 2gg2)
- Eventuell Zusatzaufgaben/Abläufe einbauen (die die Übung komplexer machen)

Grundspiel

Das Grundspiel unterscheidet sich von der Grundübung vor allem dadurch, dass jetzt mehrere **Handlungsoptionen** (Entscheidungen) möglich sind und der/die Spieler die jeweils optimale Option erkennen und wählen sollen. Hier wird vor allem das Entscheidungsverhalten trainiert.

- Das zuvor in den Grundübungen erlernte mit **Wettkampfcharakter** durchführen
- Mit Handlungsalternativen arbeiten – Entscheidungsverhalten schulen
- Alle Spieler sollen den Ablauf häufig durchführen und verschiedene Entscheidungen ausprobieren
- In Kleingruppen arbeiten (3gg3 bis max. 4gg4)

Zielspiel

- Das zuvor Geübte wird nun im freien Spiel umgesetzt. Um das Geübte im Spiel zu fördern, kann mit Zusatzpunkten oder Zusatzangriffen im Falle der korrekten Umsetzungen gearbeitet werden.
- Im Zielspiel wird das Gelernte im Team umgesetzt (5gg5, 6gg6)

Je nach den Trainingsinhalten können die zu erreichenden Ziele eine geringe Änderung im zeitlichen Ablauf von Grundübungen und Grundspielen bedingen (z. Bsp. beim Ausdauertraining, bei dem sie durch Ausdauereinheiten ersetzt werden)

Themenvorgaben

- Individuelle Ausbildung der Spieler nach Vorgabe der Trainingsrahmenkonzeption (DHB oder vereinseigene Konzeption)
- Taktische Spielsysteme in der Abwehr und im Angriff (altersabhängig)
  - z.B. von der Manndeckung zum 6:0 Abwehrsystem
  - z.B. vom 1gegen1 zum 6gegen6 mit Auslösehandlungen im Team

handball-uebungen.de
Trainingseinheiten und Übungen für Ihr Training!

Trainingsthema wählen:
➜ Roter Faden

Aufwärmen:

Dauer:
- ca. 10 (15) Minuten

Inhalte:
- „spielerisches Einlaufen"
- Spiele
- Laufkoordination
- (Dehnen und Kräftigung)

Grundübung:

Dauer:
- ca. 20 (30) Minuten

Charakteristik:
- individuell / in der Kleingruppe

Inhalte:
- klare Übungsvorgabe des Ablaufs
- Variationen mit klarer Vorgabe des Ablaufs
- vom Einfachen zum Komplexen
- keine Wartezeit für die Spieler

Grundspiel:

Dauer:
- ca. 20 (30) Minuten

Charakteristik:
- in der Kleingruppe

Inhalte:
- klare Vorgabe des Ablaufs plus Varianten
- Wettkampf

Zielspiel:

Dauer:
- ca. 10 (15) Minuten

Charakteristik:
- Teamplay (Kleingruppe)

Inhalte:
- Freies Spielen mit den Übungen aus der Grundübung und dem Grundspiel
- Wettkampf

3. Die Rolle/Aufgaben des Trainers

Ein erfolgreiches Training hängt stark von der Person und dem Verhalten des Trainers ab. Es ist deshalb wichtig, im Training bestimmte Verhaltensregeln zu beachten, um den Erfolg des Trainings zu ermöglichen. Das soziale Verhalten des Trainers bestimmt den Erfolg in einem ebenso großen Maße wie die reine Fachkompetenz.

Der Trainer sollte
- der Mannschaft zu Beginn des Trainings eine kurze Trainingsbeschreibung und die Ziele bekannt geben
- immer laut und deutlich reden
- den Ort der Ansprache so wählen, dass alle Spieler die Anweisungen und Korrekturen hören können
- Fehler erkennen und korrigieren. Beim Korrigieren Hilfestellung geben
- den Schwerpunkt der Korrekturen auf das Trainingsziel legen
- individuelle Fortschritte hervorheben und loben (dem Spieler ein positives Gefühl vermitteln)
- fördern und permanent fordern
- im Training, bei Spielen, aber auch außerhalb der Sporthalle als Vorbild auftreten
- gut vorbereitet und pünktlich zu Training und Spielen erscheinen
- in seinem Auftreten immer Vorbild sein

4. Übersicht über die enthaltenen Trainingseinheiten

Schwierigkeit der Trainingseinheiten in diesem Buch:
★★ Mittlere Anforderung (geeignet ab C-Jugend bis Aktive)

Individuelles Training für die Außenspieler (TE 167)
Der Schwerpunkt dieser Trainingseinheit liegt im individuellen Training der
Außenspieler. Nach der Erwärmung mit Einlaufen, einer Übung zur Laufkoordination,
der Ballgewöhnung und dem Torhüter einwerfen, folgen zwei Wurfserien im Wechsel
auf beiden Außenseiten. Als dritte Übung folgt eine Kombination aus zwei 1gegen1
Aktionen und einem Konter. Ein Abschlussspiel mit ständigem Wechsel zwischen
Abwehr- und Angriffsaktionen beschließt diese Trainingseinheit.

Gegenstoß in der 1. Welle für Torhüter und Feldspieler (TE 168)
Das schnelle Umschalten in den Gegenstoß von Außenspielern und Torhüter, ist
Hauptziel der Trainingseinheit. Zum Auftakt wird nach dem Einlaufen in einem
kleinen Spiel das schnelle Umschalten gefordert. Die Ballgewöhnung soll die
Sicherheit in weiten Pässen verbessern. Im Anschluss folgen Übungen für den
Torhüter, die den weiten Pass in die erste Welle und die Entscheidung, ob und zu
wem der Pass gespielt werden soll, beinhalten. Eine Kleingruppenübung mit
variablem Gegenstoßspiel und ein individueller Wettkampf mit offenen
Spielsituationen geben die Möglichkeit, den Gegenstoß im freien Spiel zu vertiefen.

Individuelles Training für die Rückraumspieler (TE 169)
Das Ziel dieser Trainingseinheit besteht im individuellen Training der
Rückraumspieler. Nach der Erwärmung mit Einlaufen und einer Übung zur
Laufkoordination, folgt mit der Ballgewöhnung und dem Torhüter einwerfen jeweils
eine Übung, in der das Element des Stoßens enthalten ist. Drei Wurfserien mit
Abwehrspieler trainieren jeweils die Angriffs- und Abwehrkomponente. Ein
allgemeiner Sprintwettkampf schließt die Trainingseinheit ab.

Das Zusammenspiel in der Abwehr gegen den Kreisläufer im Mittelblock trainieren (TE 183)
Das Ziel dieser Trainingseinheit liegt im Übergeben und Übernehmen des
Kreisläufers im Mittelblockbereich. Nach dem Einlaufen und einer Übung zur
Laufkoordination, folgt eine Übung, in der die Laufbewegung für einen Abwehrspieler
und anschließende 1gg1-Aktionen geschult werden. Das Torhüter einwerfen
erweitert die erste Übung um einen Torwurf. Die anschließende Kleingruppenübung
beinhaltet das Heraustreten und Absichern des Kreisläufers und wird zu einer 3gg4
Übung mit einer Wettkampfform erweitert. Im abschließenden 5gg6 Spiel wird das
zuvor Geübte dann in einem Spiel gefestigt.

Abwehrarbeit auf der Außenposition in offensiven Abwehrformationen (TE 184)
Die Verbesserung des individuellen Abwehrverhaltens der Außenspieler, vor allem in
offensiven Abwehrformationen, ist Hauptziel dieser Trainingseinheit. Nach der
Erwärmung mit Einlaufen und einem kleinen Sprintwettkampf, wird in einer ersten
Abwehrübung trainiert, dem Angreifer den Weg nach außen anzubieten und ihn dann
weit nach außen abzudrängen. Auch das Torhüter einwerfen greift dieses Thema
noch einmal auf, bevor es im Spiel 1gegen1 auf das Tor vertieft wird. Der zweite Teil
befasst sich dann mit der Abwehr gegen Einläufer, bevor beide Abwehraspekte im
Abschlussspiel kombiniert angewendet werden.

handball-uebungen.de
Trainingseinheiten und Übungen für Ihr Training!

5. Trainingseinheiten

Nr.: 167	Individuelles Training für die Außenspieler		★★	90

Startblock		Hauptblock			
X	Einlaufen/Dehnen		Angriff / individuell		Sprungkraft
	Laufübung	X	Angriff / Kleingruppe		Sprintwettkampf
	Kleines Spiel		Angriff / Team		Torhüter
	Koordination	X	Angriff / Wurfserie		
X	Laufkoordination		Abwehr /Individuell		**Schlussblock**
	Kräftigung		Abwehr / Kleingruppe	X	Abschlussspiel
X	Ballgewöhnung		Abwehr / Team		Abschlusssprint
X	Torhüter einwerfen		Athletiktraining		
			Ausdauertraining		

★:Einfache Anforderung (alle Jugend-Aktivenmannschaften) | ★★: Mittlere Anforderung (geeignet ab C-Jugend bis Aktive) | ★★★: Höhere Anforderung (geeignet ab B-Jugend bis Aktive) | ★★★★: Intensive Anforderung (geeignet für Leistungsbereiche)

Legende:

✖ Hütchen

▲1 Angreifer

●1 Abwehrspieler

▦ Ballkiste

▦▦ Hürde

Benötigt:
➜ 4 Hütchen, 2 Hürden, 2 Ballkisten mit ausreichend Bällen

Beschreibung:
Der Schwerpunkt dieser Trainingseinheit liegt im individuellen Training der Außenspieler. Nach der Erwärmung mit Einlaufen, einer Übung zur Laufkoordination, der Ballgewöhnung und dem Torhüter einwerfen, folgen zwei Wurfserien im Wechsel auf beiden Außenseiten. Als dritte Übung folgt eine Kombination aus zwei 1gegen1 Aktionen und einem Konter. Ein Abschlussspiel mit ständigem Wechsel zwischen Abwehr- und Angriffsaktionen beschließt diese Trainingseinheit.

Insgesamt besteht die Trainingseinheit aus folgenden Schwerpunkten
- Einlaufen/Dehnen (Einzelübung: 10 Minuten / Trainingsgesamtzeit: 10 Minuten)
- Laufkoordination (10/20)
- Ballgewöhnung (10/30)
- Torhüter einwerfen (10/40)
- Angriff/Wurfserie (10/50)
- Angriff/Wurfserie (15/65)
- Angriff/Kleingruppe (15/80)
- Abschlussspiel (10/90)

Gesamtzeit der Trainingseinheit: 90 Minuten

Nr.: 167-1	Einlaufen/Dehnen	10	10

Ablauf:
- Immer zwei Spieler laufen kreuz und quer durch die Halle und passen sich dabei einen Ball zu
- Laufrichtung (vorwärts-, rückwärts-, seitwärts laufen) immer wieder ändern
- Locker aufs Tor oder auf den Basketballkorb werfen
- Durch einen langen Pass den Spielpartner in den Konter schicken (lockerer Wurf auf das Tor)

Gemeinsames Dehnen in der Gruppe

Nr.: 167-2	Laufkoordination	10	20

Aufbau:
- Die Hütchen für 2-3 Spieler aufbauen, die den Ablauf gleichzeitig ausführen
- Jeder Spieler macht den Sprung für sich selbst.

  ⚠ Auf korrekte Ausführung achten, kein Wettkampf!

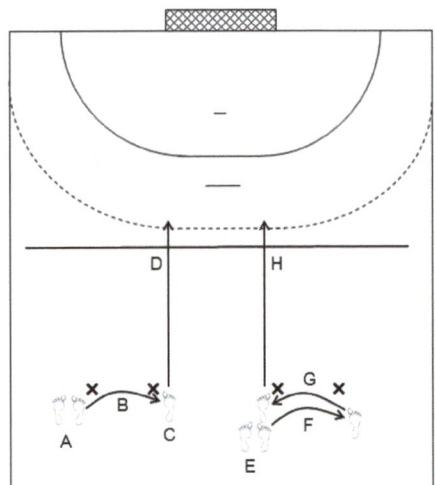

Ablauf 1:
- Die Spieler stehen beidbeinig links neben dem Hütchen (A)
- Auf Kommando des Trainers springen (B) sie nach rechts neben das Hütchen, landen auf dem rechten Bein (C) und sprinten dann sofort nach vorne raus, bis zur Linie (D)

Ablauf 2:
- Die Spieler stehen beidbeinig links neben dem Hütchen (E)
- Auf Kommando des Trainers springen (F) sie nach rechts neben das Hütchen, landen auf dem rechten Bein, springen dann von dort direkt wieder einbeinig nach links (G), landen auf dem linken Bein und sprinten dann sofort nach vorne raus, bis zur Linie (H)

Nr.: 167-3	Ballgewöhnung	10	30

Aufbau:

- Die Spieler stellen sich wie in der Grafik abgebildet immer paarweise mit Ball gegenüber auf

Ablauf:

- 1 und 2 passen sich fortlaufend einen Ball in der Bewegung zu, genauso 3 und 4 (A)

- Auf Kommando des Trainers starten die jeweils äußeren Spieler (1 und 4) dynamisch in die Vorwärtsbewegung und prellen auf die andere Seite (B). Sollten die äußeren Spieler den Ball zu diesem Zeitpunkt nicht haben, muss er vor der Laufbewegung zuerst gespielt werden (D)

- 2 und 3 nehmen sofort die Positionen von 1 und 4 im Uhrzeigersinn ein (C)

- Danach beginnt sofort wieder das Passen (E)

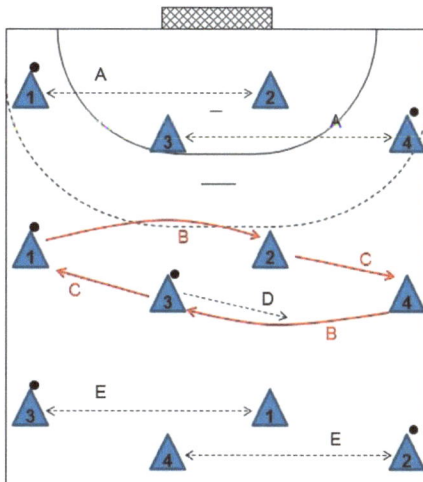

⚠ 1 und 4 müssen sich vor ihrem ersten Pass (E) nach dem Laufen um 180° drehen

Nr.: 167-4	Torhüter einwerfen	10	40

Ablauf:

- ▲1 prellt Richtung Tor (A) und wirft nach Vorgabe (hoch, halb, tief) auf das Tor (B)

- Nach dem Wurf dreht ▲1 sofort ab (C), läuft zu den beiden Hürden, springt jeweils beidbeinig über die Hürden (D) und sprintet danach in höchstem Tempo zur Mittellinie (E)

- ▲2 startet etwas zeitversetzt mit dem gleichen Ablauf, so dass für ▲T eine Wurfserie entsteht

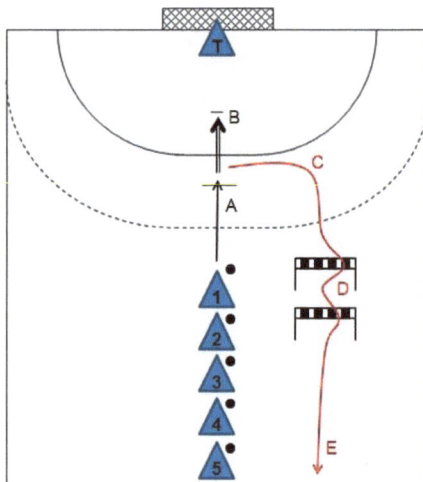

⚠ Die Hürden so nah aufstellen, dass nach dem ersten Landen ohne Zwischensprung direkt über die zweite Hürde gesprungen werden kann

⚠ Die Hürden in der Höhe dem Leistungsvermögen der Spieler anpassen

Nr.: 167-5	Angriff / Wurfserie	10	50

Grundaufbau:

- Jede Außenbahn mit 2-3 Spielern besetzen
- Es wird immer im Wechsel auf rechts und links außen geworfen
- Jeder Spieler macht 6 Würfe

Ablauf:

- ▲ läuft im Bogen von außen mit Ball an (A) und passt ▲ den Ball in die Stoßbewegung (B)

- Nach dem Pass zieht sich ▲ sofort wieder auf die Außenposition zurück (C)

- ▲ umläuft mit einer dynamischen Bewegung das Hütchen, stößt wieder Richtung Tor (D) und passt den Ball zum Anlaufenden ▲ (E)

- ▲ schließt mit Wurf von außen ab (F)

- Danach wiederholt sich der Ablauf auf der anderen Seite auf rechts Außen

⚠ ● soll sich defensiv verhalten, aber die Anstoßbewegung von ▲ mitbegleiten, so dass ▲ auch die Bogenbewegung (A) zum Anstoßen machen muss

⚠ ● soll beim Wurf von ▲ (F) zuerst nur defensiv stehen, mit zunehmender Übung aber Körperkontakt (leichtes Schieben / Kontakt) beim Wurf geben

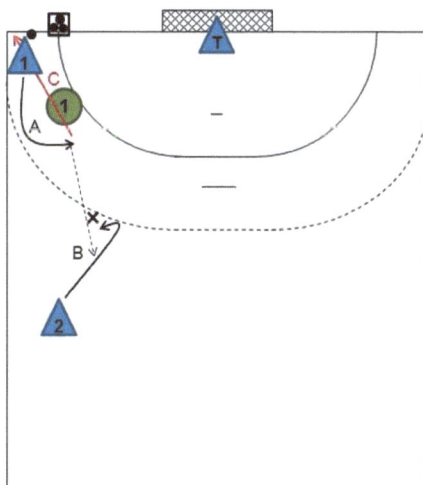

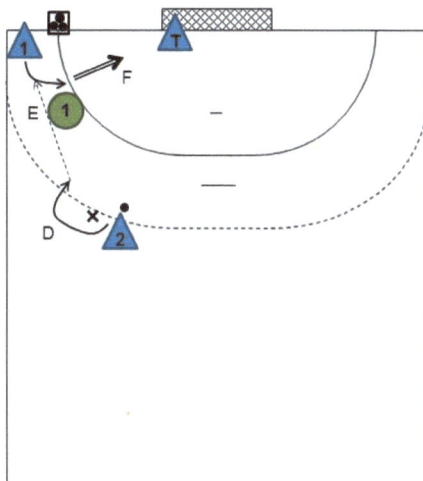

Nr.: 167-6	Angriff / Wurfserie	15	65

Grundaufbau:

- Jede Außenbahn mit 2-3 Spielern besetzen
- Es wird immer im Wechsel auf rechts und links außen geworfen
- Jeder Spieler macht 6 1gegen1 Aktionen

Ablauf:

- 1 stößt von weit außen kommend ohne Ball an (A)
- 1 begleitet 1 dabei deutlich (B)
- 2 stößt mit Ball an und spielt dem entgegenkommenden 1 den Ball in den Lauf (C)
- Nach der Ballaufnahme soll 1 in einer 1gegen1 Aktion (D) gegen 1 den Durchbruch nach außen hin versuchen und mit Wurf abschließen (E)
- Öffnet 1 die Durchbruchmöglichkeit nach innen, soll 1 den Abschluss nah am Hütchen suchen (F)
- Danach wiederholt sich der Ablauf auf der anderen Außenseite

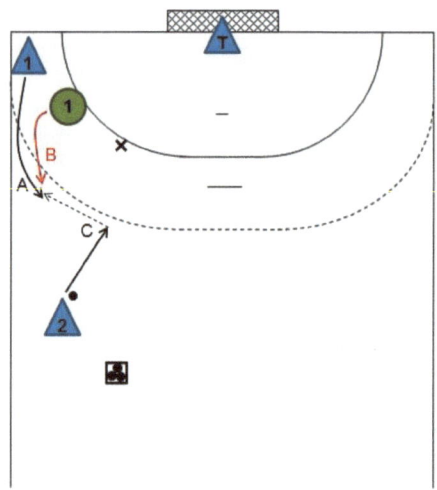

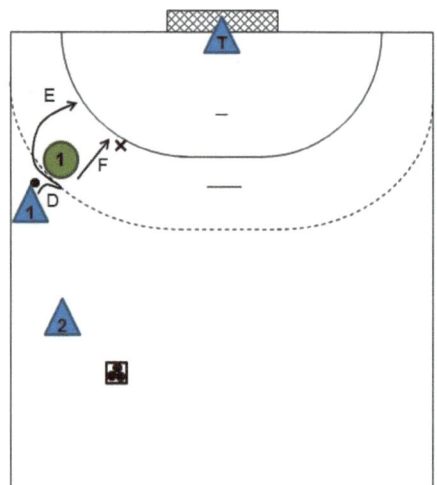

⚠ 1 soll 1 beim Anlaufen deutlich behindern und zunehmend in der Ballannahme stören

Nr.: 167-7	Angriff / Kleingruppe	15	80

Grundablauf:

- Jeder Spieler macht immer drei Aktionen hintereinander (auf halb, auf außen und einen Konter)
- Danach ist der nächste Spieler auf der anderen Seite an der Reihe, usw.
- Jeder Spieler macht den Ablauf 6mal

Ablauf:

- 3 stößt an und spielt 2 den Ball in den Lauf (A)
- 1 verteidigt nun die 1gegen1 Aktion gegen 2 (B), der versucht, durchzubrechen und mit Wurf abzuschließen (C)
- Sofort danach beginnt die 2. Aktion
- 3 stößt im Bogen nach links an und passt 1 den Ball in seine Laufbewegung (D). 1 kommt deutlich im Bogen nach innen gelaufen
- Nach der 1. Aktion sinkt 1 sofort nach außen (E) und verteidigt die 1gegen1 Aktion gegen 1, der versucht, durchzubrechen (F) und mit Wurf abzuschließen (G)

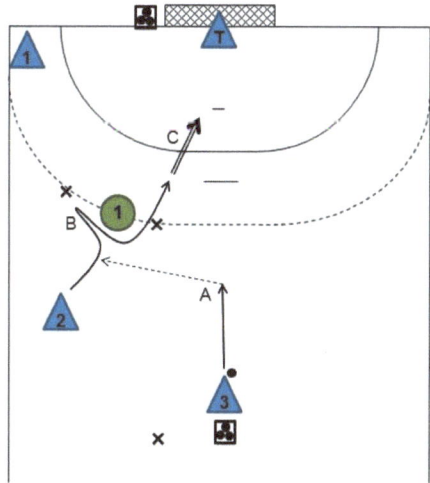

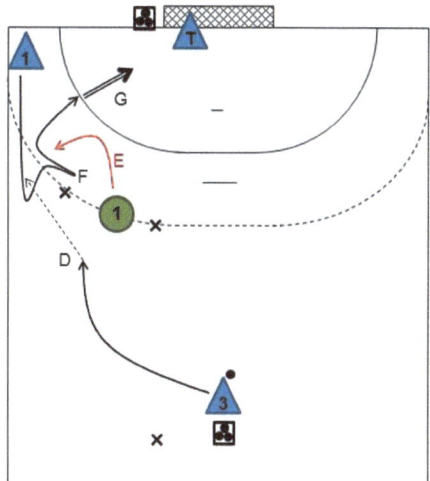

- Direkt nach Abschluss der Aktion von 🔺, startet 🟢 in den Konter (H)

- 🔺 holt sich so schnell wie möglich einen Ball (J) (optimal den zuvor Geworfenen) und passt ihn 🟢 in den Lauf (K)

- 🟢 umläuft das Hütchen auf Höhe der Mittelinie und schließt mit Wurf ab (L)

- Danach wiederholt sich der Ablauf auf der anderen Seite

⚠ Gelingt es 🟢, die Angreifer (🔺 oder 🔺) festzumachen, beginnt sofort der nächste Ablauf

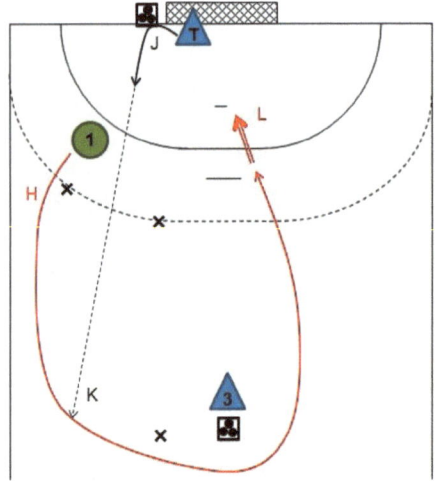

Nr.: 167-8	Abschlussspiel		10	90

Grundablauf:

- ▲1, ▲2 und ▲3 spielen im 3gegen3 gegen ●1, ●2 und ●3
- Nach jeder Aktion wechseln die Aufgaben
- Nach Möglichkeiten auf beiden Hallenhälften das Spiel parallel durchführen. Nach 5 Minuten werden die Mannschaften getauscht, die beiden Verlierer- und Gewinnermannschaften spielen in den nächsten 5 Minuten jeweils gegeneinander

Ablauf:

- ▲1, ▲2 und ▲3 versuchen durch einfaches Spiel (1gegen1 Aktionen, oder einfache Kreuzbewegungen), ●1, ●2 und ●3 auszuspielen (A, B, C und D)
- ●1, ●2 und ●3 sollen, durch offensives und aggressives Abwehrverhalten, die Angreifer aktiv bekämpfen und das Spiel unterbinden oder den Ball herausfangen
- Sobald ▲1, ▲2 und ▲3 den Angriff abgeschlossen haben, wechseln die Aufgaben. ▲1, ▲2 und ▲3 müssen so schnell wie möglich alle um das Hütchen laufen und werden auf der anderen Spielseite zu den neuen Abwehrspielern (E)
- ●1, ●2 und ●3 bekommen von ▲T so schnell wie möglich den Ball gespielt (F), müssen alle das entferntere Hütchen umlaufen (G) und beginnen auf der anderen Seite sofort mit ihrer Aktion

Übungsbild:

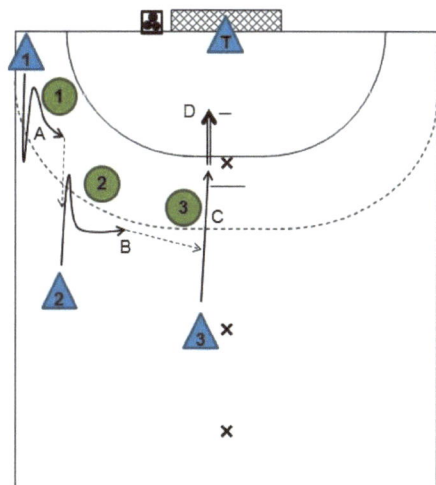

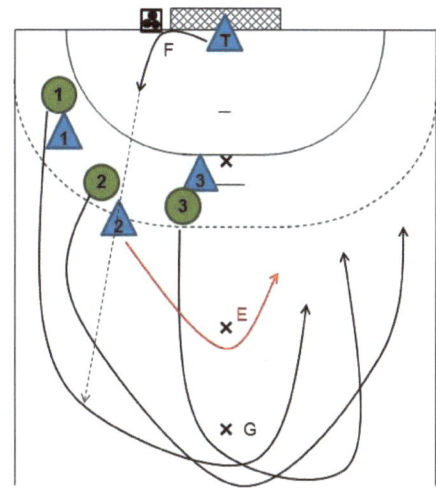

⚠ Die Hütchen so aufbauen, dass die Abwehrspieler gerade genug Zeit haben, um in die Abwehr zu kommen. Das Ziel ist, dass die Abwehr noch nicht kompakt steht und 1gegen1 Aktionen mit abräumen nach außen möglich sind

Nr.: 168	Gegenstoß in der 1. Welle für Torhüter und Feldspieler	★★	90

Startblock		Hauptblock					
X	Einlaufen/Dehnen		X	Angriff / individuell			Sprungkraft	
	Laufübung		X	Angriff / Kleingruppe			Sprintwettkampf	
X	Kleines Spiel			Angriff / Team		X	Torhüter	
	Koordination			Angriff / Wurfserie				
	Laufkoordination			Abwehr /Individuell		**Schlussblock**		
	Kräftigung			Abwehr / Kleingruppe			Abschlussspiel	
X	Ballgewöhnung			Abwehr / Team			Abschlusssprint	
X	Torhüter einwerfen			Athletiktraining				
				Ausdauertraining				

★ :Einfache Anforderung (alle Jugend-Aktivenmannschaften)	★ ★ : Mittlere Anforderung (geeignet ab C-Jugend bis Aktive)	★ ★ ★ : Höhere Anforderung (geeignet ab B-Jugend bis Aktive)	★ ★ ★ ★ : Intensive Anforderung (geeignet für Leistungsbereiche)

Legende:

✖   Hütchen

⊞   Ballkiste

△1   Angreifer

◯1   Abwehrspieler

▬▬▬ Pommes
(Schaumstoffbalken)

▭   dünne Turnmatte

Benötigt:
➜ 12 Schaumstoffbalken (Pommes), 4 dünne Turnmatten, 6 Hütchen, Ballkiste mit ausreichend Bällen

Beschreibung:

Das schnelle Umschalten in den Gegenstoß von Außenspielern und Torhüter, ist Hauptziel der Trainingseinheit. Zum Auftakt wird nach dem Einlaufen in einem kleinen Spiel das schnelle Umschalten gefordert. Die Ballgewöhnung soll die Sicherheit in weiten Pässen verbessern. Im Anschluss folgen Übungen für den Torhüter, die den weiten Pass in die erste Welle und die Entscheidung, ob und zu wem der Pass gespielt werden soll, beinhalten. Eine Kleingruppenübung mit variablem Gegenstoßspiel und ein individueller Wettkampf mit offenen Spielsituationen geben die Möglichkeit, den Gegenstoß im freien Spiel zu vertiefen.

Insgesamt besteht die Trainingseinheit aus folgenden Schwerpunkten
- Einlaufen/Dehnen (Einzelübung: 10 Minuten / Trainingsgesamtzeit: 10 Minuten)
- kleines Spiel (15/25)
- Ballgewöhnung (10/35)
- Torhüter einwerfen (10/45)
- Torhüter (10/55)
- Torhüter (10/65)
- Angriff/Kleingruppe (15/80)
- Angriff/individuell (10/90)

Gesamtzeit der Trainingseinheit: 90 Minuten

Nr.: 168-1	Einlaufen/Dehnen	10	10

Ablauf:

- Die Spieler verteilen sich gleichmäßig auf die beiden Hallenhälften
- Jede Gruppe bewegt sich auf ihrer Hallenhälfte durcheinander. Dabei die Laufbewegungen variieren (vorwärts, rückwärts, Sidestep, Hopserlauf). Ein Spieler gibt auf jeder Seite die Bewegungen vor, alle anderen Spieler auf derselben Seite machen die Bewegungen nach
- Zwei (oder mehr) Bälle werden immer von einer Hallenhälfte in die andere und wieder zurück gepasst.
- Dabei ist keine Passfolge festgelegt. Die Spieler stimmen sich durch Blickkontakt ab.

⚠ Die Spieler sollen zum Passen und Fangen nicht in die Hallenmitte laufen, sondern so laufen, dass die Passlängen variieren

Gemeinsam in der Gruppe Dehnen

Nr.: 168-2	kleines Spiel		15	25

Aufbau:
- Auf jeder Feldhälfte werden zwei Matten gegenüber ausgelegt
- Jede Mannschaft verteidigt zwei Matten, die längs des Feldes auf einer Seite liegen

Ablauf:
- Zwei Mannschaften spielen zunächst auf einer Spielfeldhälfte gegeneinander.
- Dabei versucht die Mannschaft in Ballbesitz, den Ball auf der Matte des Gegners abzulegen (A, B und C)
- Fängt die abwehrende Mannschaft den Ball ab, versucht sie ihrerseits, den Ball auf der gegnerischen Matte in der gleichen Feldhälfte abzulegen
- Wurde ein Ball erfolgreich abgelegt (C), bekommt die Mannschaft einen Punkt.
- Die andere Mannschaft nimmt den Ball schnell auf (D) und greift jetzt auf die gegnerische Matte auf der anderen Spielfeldhälfte an (E und F). Die Mannschaft, die den Punkt erzielt hat, versucht, den direkten Punktausgleich zu verhindern (G).
- Nach jedem Punktgewinn wird die Spielfeldhälfte gewechselt.

Variation:
- Ein Wechsel des Spielfeldes kann zusätzlich zum Punktgewinn auch durch ein Signal des Trainers (Pfiff) erfolgen.

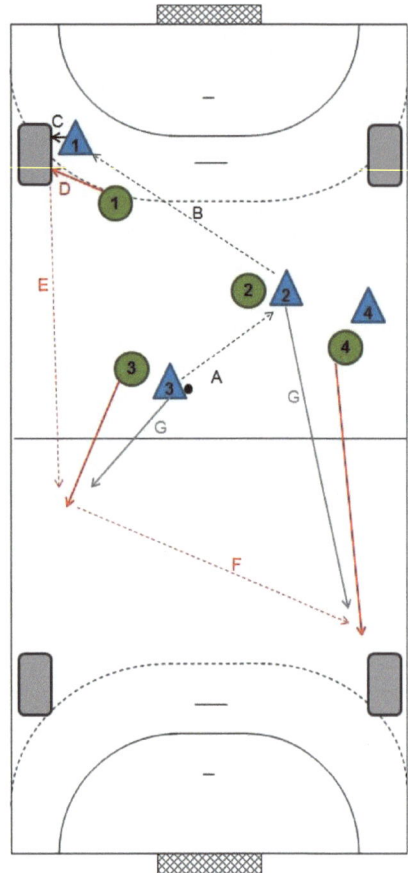

⚠ Die Spieler sollen nach einem Punktgewinn sofort umschalten und direkt in die Gegenaktion starten.

Nr.: 168-3	Ballgewöhnung	10	35

Aufbau:

- Hütchen wie im Bild dargestellt aufstellen

Ablauf:

- ▲1 stößt mit Ball leicht nach vorne und passt zu ▲2 (A)

- Danach sprintet ▲1 im Bogen auf die andere Seite (B) zwischen den Hütchen durch und bekommt den Rückpass (C).

- ▲1 passt zu ▲3 (D)

- Sofort nach dem Rückpass zu ▲1 (C), startet ▲2 im Sprint und läuft im großen Bogen um die beiden Hütchen und startet in den Konter auf die andere Seite (E)

- ▲3 spielt ▲2 den langen Pass in den Lauf (F).

- Beim Pass von ▲3 zu ▲2 (F), startet ▲4 mit dem gleichen Ablauf usw.

- ▲1 stellt sich hinter ▲6, ▲2 hinter ▲4 und ▲3 hinter ▲5 an (G)

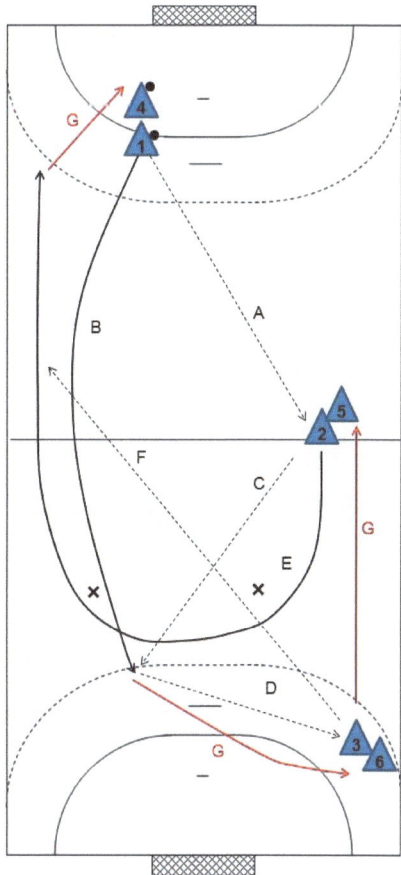

⚠ Die Spieler sollen die beiden Sprints wie im Gegenstoß in vollem Lauf absolvieren

Nr.: 168-4	Torhüter einwerfen	10	45

Ablauf:

- 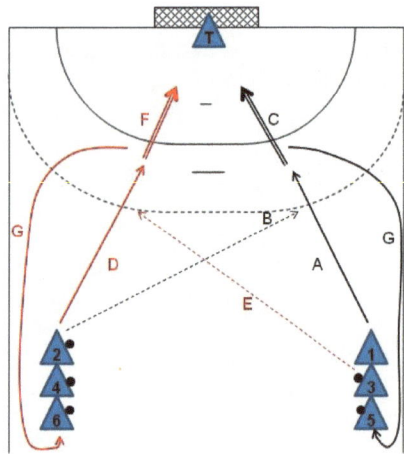 **1** startet ohne Ball (A), bekommt von **2** den Ball in den Lauf gespielt (B) und wirft nach Vorgabe (hoch, halb, tief) nach rechts (C).

- Dann startet **2** (D), bekommt von **3** den Ball in den Lauf gespielt (E) und wirft nach Vorgabe nach links (F).

- Nach dem Wurf stellen sich die Spieler schnell wieder an, damit für den Torwart eine lange Serie entsteht (G und G).

⚠ Pässe je nach Leistungsvermögen kürzer spielen und dann vor dem Wurf prellen.

Nr.: 168-5	Torhüter		10	55

Ablauf:

- ▲1 stößt mit Ball an (A) und wirft hoch oder tief nach rechts (B)

- ▲2 folgt in kurzem Abstand, stößt an (C) und wirft diagonal zu ▲1 nach links (D)

- Sofort nach den Würfen starten beiden in den Konter (E)

- Der Torwart sichert schnell einen der beiden Bälle oder einen der Reservebälle neben dem Tor (F) und passt dann zu dem Spieler, der bereits weiter vorne läuft (G) (sind beide auf einer Höhe, hat der Torwart die freie Auswahl)

- Dann starten ▲3 und ▲4 mit dem gleichen Ablauf usw.

Variation:

- Die beiden Werfer sprechen sich vorher kurz ab, wer den Ball erhalten soll. Der Spieler hebt dann beim Laufen den Arm als Zeichen für den Torwart, wohin der Pass kommen soll.

⚠ Der Torwart soll nach den beiden Würfen sofort umschalten, einen Ball holen und dann möglichst schnell den weiten Pass nach vorne spielen.

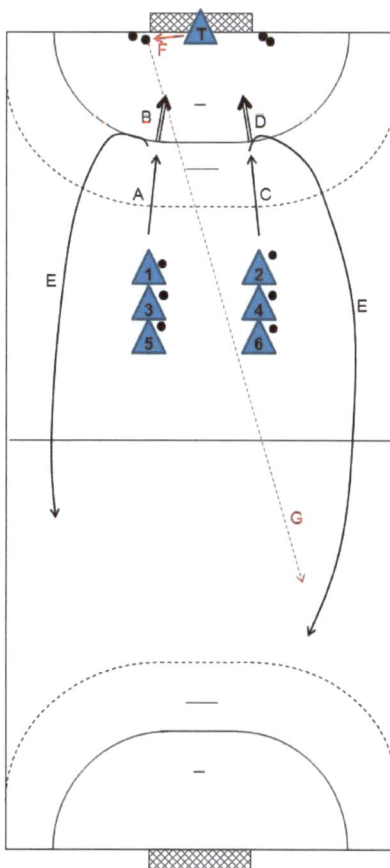

Nr.: 168-6	Torhüter	10	65

Aufbau:
- Schaumstoffbalken rechts und links des Feldes wie im Bild auslegen, vor dem Tor und in der Mitte Hütchen aufstellen

Ablauf:
- Auf Kommando (Pfiff) starten alle 4 beteiligten Spieler (▲, ▲, ● und der Türhüter gleichzeitig)
- ▲ und ▲ durchlaufen die Balken mit jeweils zwei Kontakten (rechter Fuß/linker Fuß) je Zwischenraum (A). Danach starten beide in den Konter (B)
- ● läuft eine Acht in den Hütchen (C) und orientiert sich dann zu einem der beiden Angreifer
- Der Torwart läuft eine Acht in den Hütchen (D), holt dann schnell einen Ball und passt zu dem Spieler, der nicht von ● abgedeckt wird (E)
- Nach Erhalt des Balles wird mit Torwurf abgeschlossen (F und G)
- Der Abwehrspieler nimmt seine Position wieder ein, beim nächsten Kommando startet der Ablauf mit zwei neuen Angreifern usw.

⚠ Der Torwart soll den Ball schnell holen und sich dabei schon orientieren, um den Pass zum freien Spieler mit höchstem Tempo spielen zu können

⚠ Torhüter und Abwehrspieler regelmäßig wechseln

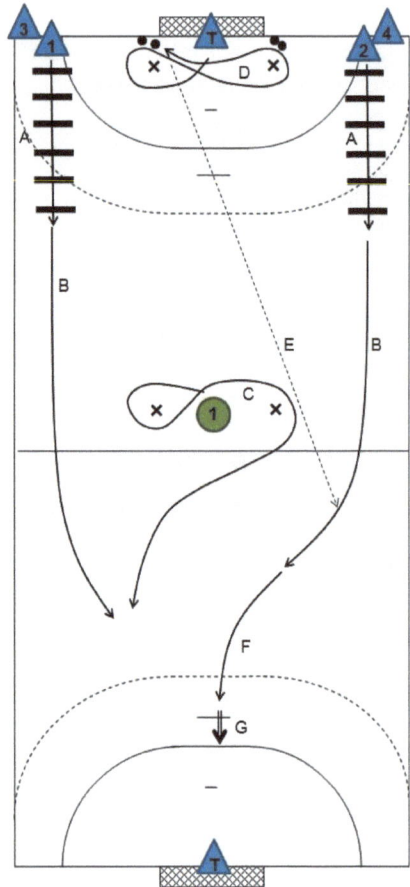

| Nr.: 168-7 | Angriff / Kleingruppe | 15 | 80 |

Aufbau:

- Mit zwei Schaumstoffbalken wie im Bild das Feld einschränken

Ablauf:

- ① und ② spielen zunächst 2gegen1 gegen 🔺1 und schließen mit Torwurf ab (A, B und C)

- Sofort beim Wurf (C), starten 🔺2 und 🔺3 in den Konter (D)

- ① und ② werden zu Abwehrspielern im Konter (E).

- Der Torwart sicher schnell den geworfenen Ball und entscheidet dann

  o Ist einer der beiden Spieler 🔺2 oder 🔺3 frei, spielt er den langen Pass in die erste Welle (F)

  o Sind beide Spieler abgedeckt, erfolgt der kurze Pass zu 🔺1 (G) und 🔺1, 🔺2 und 🔺3 spielen den Konter im 3gegen2 und versuchen, mit Wurf abzuschließen.

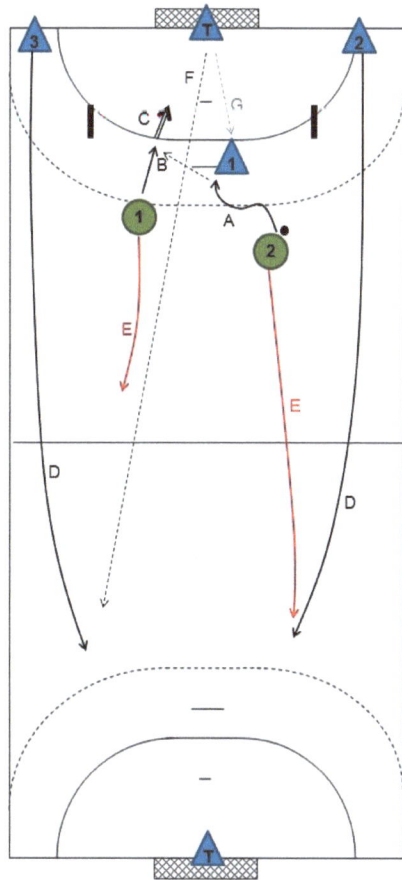

⚠ Der Torwart soll sofort nach dem Wurf den Ball sichern und dann entscheiden, ob der Pass in die erste Welle möglich ist oder ob der kurze Pass gespielt werden muss.

⚠ Torhüter und Aufgaben im Feld regelmäßig wechseln

| Nr.: 168-8 | Angriff / individuell | 10 | 90 |

Aufbau:

- Hütchen wie im Bild dargestellt aufstellen

Ablauf:

- ▲1 und ▲2 starten gleichzeitig und laufen fortlaufend in einer Acht um die beiden Hütchen (A)
- Irgendwann rollt der Trainer in der Mitte einen Ball ins Feld. Dies ist das Startsignal für ▲1 und ▲2. Sie sprinten zum Ball und versuchen, diesen als erstes zu erreichen (B)
- Der Spieler, der den Ball bekommt (hier im Beispiel ▲1) wird zum Angreifer und versucht, mit Wurf abzuschließen (C und D). Der andere Spieler (hier ▲2) geht in die Konterabwehr (E). Erobert der Abwehrspieler mit fairen Mitteln den Ball, darf er ebenfalls den Abschluss suchen
- Direkt nach dem Wurf sprinten beide Spieler um das Hütchen und starten die Aktion auf die andere Seite (F und H)
- Das Ergebnis des vorherigen Wurfs bestimmt die Rollenverteilung. Trifft der erste Wurf, wird derselbe Spieler wieder zum Angreifer, trifft der Wurf nicht (hier im Bild), wechseln die Rollen und der bisherige Abwehrspieler ist im Angriff.
- Der Torwart spielt den langen Pass (G) zum Angreifer und dieser versucht, auf der anderen Seite erfolgreich abzuschließen.
- Dann starten die nächsten beiden Spieler mit demselben Ablauf

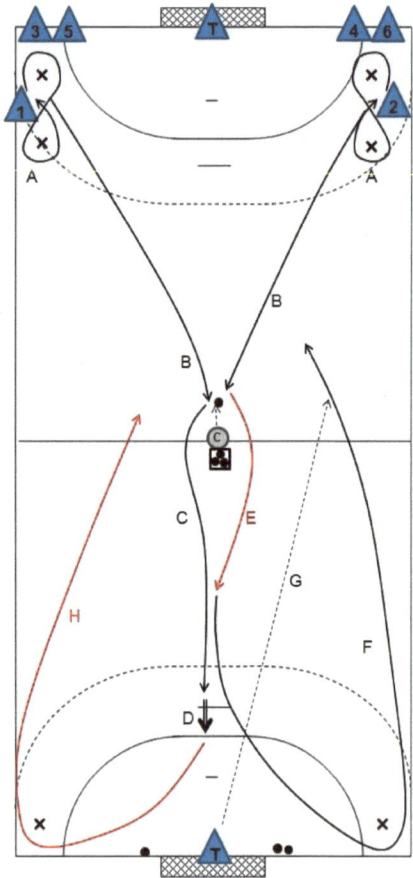

⚠ Die Spieler sollen nach der ersten Aktion sofort in den zweiten Konter gehen

⚠ Der Torwart soll den Ball sichern und dann je nach Ausgang des Wurfs zum richtigen Angreifer passen.

⚠ Torhüter regelmäßig wechseln

Nr.: 169	Individuelles Training für die Rückraumspieler		★★	90

Startblock			Hauptblock					
X	Einlaufen/Dehnen			Angriff / individuell			Sprungkraft	
	Laufübung			Angriff / Kleingruppe			Sprintwettkampf	
	Kleines Spiel			Angriff / Team			Torhüter	
	Koordination		X	Angriff / Wurfserie				
X	Laufkoordination		X	Abwehr /Individuell			**Schlussblock**	
	Kräftigung			Abwehr / Kleingruppe			Abschlussspiel	
X	Ballgewöhnung			Abwehr / Team		X	Abschlusssprint	
X	Torhüter einwerfen			Athletiktraining				
				Ausdauertraining				

★:Einfache Anforderung (alle Jugend-Aktivenmannschaften)	★ ★: Mittlere Anforderung (geeignet ab C-Jugend bis Aktive)	★ ★ ★: Höhere Anforderung (geeignet ab B-Jugend bis Aktive)	★ ★ ★ ★: Intensive Anforderung (geeignet für Leistungsbereiche)

Legende:

✖   ütchen

▦   Ballkiste

🔺1   Angreifer

🟢1   Abwehrspieler

◯   Turnreifen

▮   dünne Turnmatte

Benötigt:
➔ 8 Turnreifen, 8 Hütchen, 2 dünne Turnmatten, 1 Ballkiste mit ausreichend Bällen

Beschreibung:
Das Ziel dieser Trainingseinheit besteht im individuellen Training der Rückraumspieler. Nach der Erwärmung mit Einlaufen und einer Übung zur Laufkoordination, folgt mit der Ballgewöhnung und dem Torhüter einwerfen jeweils eine Übung, in der das Element des Stoßens enthalten ist. Drei Wurfserien mit Abwehrspieler trainieren jeweils die Angriffs- und Abwehrkomponente. Ein allgemeiner Sprintwettkampf schließt die Trainingseinheit ab.

Insgesamt besteht die Trainingseinheit aus folgenden Schwerpunkten
- Einlaufen/Dehnen (Einzelübung: 10 Minuten / Trainingsgesamtzeit: 10 Minuten)
- Laufkoordination (10/20)
- Ballgewöhnung (10/30)
- Torhüter einwerfen (10/40)
- Angriff/Wurfserie (15/55)
- Angriff/Wurfserie (15/70)
- Abwehr/individuell (15/85)
- Abschlusssprint (5/90)

Gesamtzeit der Trainingseinheit: 90 Minuten

Nr.: 169-1	Einlaufen/Dehnen	10	10

Ablauf:
- Die Spieler werden durchnummeriert (1 bis…), ohne dass die Spieler mitbekommen, welche Nummer die anderen Spieler haben
- Alle Spieler laufen selbständig durch die Halle und führen verschiedene Laufbewegungen durch (vorwärts, rückwärts, seitwärts, Sidesteps, Hopserlauf, Armkreisen, usw.)
- Der Trainer sagt nach ein paar Minuten dem Spieler mit der „1" einen kurzen Satz (z.B. „Klaus hat eine tolle Frisur")
- Alle anderen Spieler laufen dabei weiter durch die Halle
- Auf Pfiff des Trainers muss sich der Spieler mit der „2" bemerkbar machen. Der Spieler mit der „1" sprintet zu „2" und sagt „2" den Satz EINMAL leise ins Ohr. Danach laufen beide wieder normal weiter.
- Bei den nächsten Pfiffen wiederholt sich der Ablauf so lange, bis der Satz beim letzten Spieler angekommen ist. Er soll ihn dann laut sagen

Gemeinsam in der Gruppe dehnen

Nr.: 169-2	Laufkoordination	10	20

Ablauf:

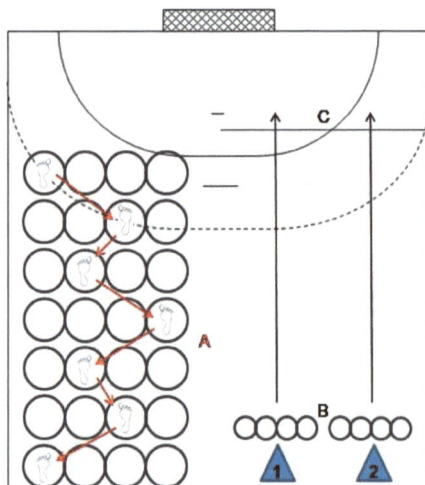

- ▲1 und ▲2 starten gleichzeitig mit der vorgegebenen Schrittfolge (A) in den vier Reifen (B)
- Auf Kommando sprinten beide bis zur definierten Ziellinie (C)
- Verlierer macht z.B. 10 Liegestützen/Sit-Ups
- Danach kommen beide zurück und stellen sich wieder an
- In jedem Durchgang die Pärchen neu bilden

Wiederholungen:
- Jeder Spieler 10-15 mal

Mögliche Zusatzaufgaben während der Schrittfolge in den Reifen:
- Einen Ball um die Hüfte kreisen
- Arme kreisen
- Arme seitlich/vorne kreisen
- Einen Ball immer wieder in die Luft werfen

Nr.: 169-3	Ballgewöhnung	10	30

Ablauf 1:

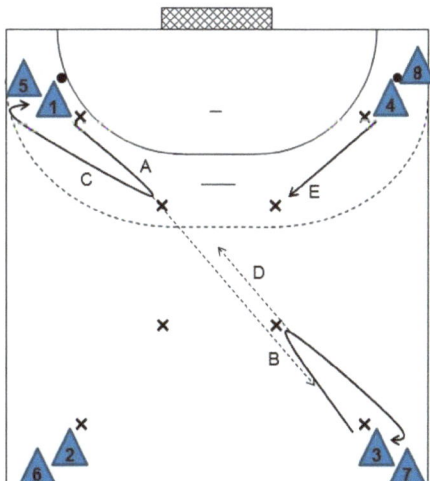

- ▲1 stößt mit Ball dynamisch nach vorne (A) und passt ▲3 den Ball in die Stoßbewegung (B)

- Nach dem Pass (A) lässt sich ▲1 sofort rückwärts zurück fallen und stellt sich hinter ▲5 wieder an (C)

- ▲3 stößt ebenfalls dynamisch nach vorne und passt den Ball zu ▲5 (D) usw.

- ▲4 startet zeitgleich zu ▲1 mit dem gleichen Ablauf (E)

⚠ Die Stoßbewegung (A) zum Hütchen soll dynamisch erfolgen und der Pass (B und D) mit einem Stemmschritt eingeleitet werden

Ablauf 2:

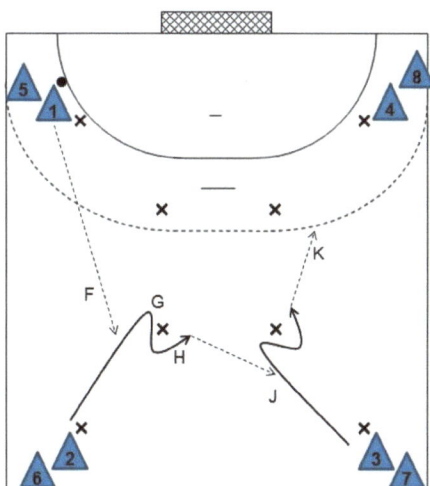

- ▲2 läuft dynamisch nach vorne und bekommt von ▲1 den Ball in den Lauf gespielt (F)

- ▲2 stößt mit Ball (ohne nach der Ballaufnahme zu prellen) links neben das Hütchen und stemmt ein (G), umprellt dynamisch das Hütchen, stößt wieder nach vorne (H) und passt ▲3 den Ball in die Stoßbewegung (J)

- ▲3 wiederholt den Ablauf und passt zu ▲4 (K)

- Usw.

Nr.: 169-4	Torhüter einwerfen	10	40

Ablauf:

- ▲1 stößt mit Ball prellend dynamisch nach vorne und umläuft das vordere Hütchen (A)

- Danach läuft ▲1 sofort rückwärts zurück, umläuft das mittlere Hütchen (B) und geht danach dynamisch Richtung Tor und wirft nach Vorgabe (hoch, halb, tief) nach rechts auf das Tor (C)

- Etwas zeitversetzt startet ▲2 mit dem gleichen Ablauf auf der anderen Seite (D), so dass er sich nicht mit ▲1 in die Quere kommt und für ▲T eine Serie entsteht

- Nach dem Wurf läuft ▲1 sofort zur Matte, macht dort einen Purzelbaum (E) und sprintet danach zur Mittellinie (F)

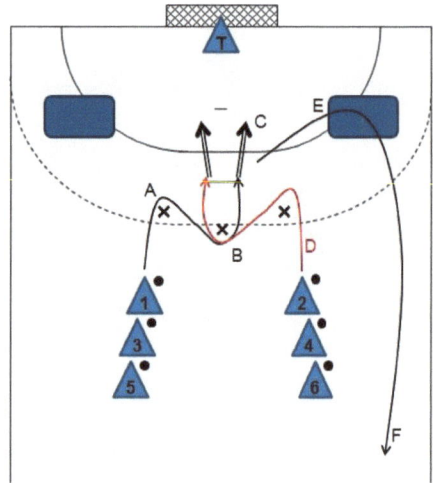

⚠ Die Spieler sollen mit hoher Dynamik durch die Hütchen laufen

Nr.: 169-5	Angriff / Wurfserie	15	55

Grundablauf:

- Jeder Spieler wirft auf seiner Position dreimal, danach rutscht er eine Position weiter (G)
- Nachdem jeder Spieler auf jeder Position (RL, RM, RR) geworfen hat (ins. 9 Würfe) bekommt er eine kurze Pause und dann wird der Ablauf wiederholt
- 4 dient während der Übung als Anspielstation, er soll seine Position für den Pass so wählen, dass der Werfer den Ball korrekt in den Lauf gespielt bekommen kann

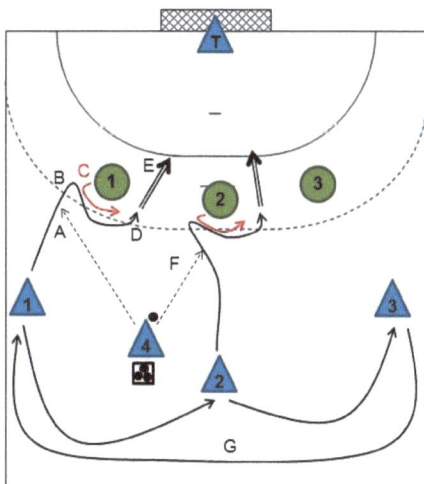

Ablauf:

- 1 läuft dynamisch an und bekommt von 4 den Ball in den Lauf gespielt (A)

  ⚠ der Ball muss so gespielt werden, dass 1 mit dem ersten Schritt in die Täuschbewegung gehen kann, ohne vorher Prellen zu müssen

- 1 macht eine dynamische Täuschbewegung nach außen (B), zieht dann mit dem zweiten und dritten Schritt nach innen (D) und wirft neben 1 aus dem Sprungwurf heraus auf das Tor (E)

- 1 tritt dabei heraus, begleitet 1 und stört ihn etwas in seiner Aktion (C), lässt zu Beginn der Übung aber den Wurf zu (E)

- Danach wiederholt sich der Ablauf für 2 (F) und danach für 3

- Jeder Spieler wirft von seiner aktuellen Position dreimal, danach rotieren sie eine Position weiter (G), bis jeder Spieler von jeder Position dreimal geworfen hat

⚠ Beim Wurf darauf achten, dass die Fußstellung des Sprungbeines Richtung Tor zeigt

⚠ Die Abwehrspieler sollen es mit zunehmender Übungsdauer dem Angreifer schwerer machen und intensiver verteidigen. Sie sollen aber grundsätzlich immer zuerst die Täuschbewegung nach außen (B) mitmachen und nicht schon nach innen verschieben

| Nr.: 169-6 | Angriff / Wurfserie | 15 | 70 |

Grundablauf:

- Die Spieler, die gerade Pause haben, sollen die Bälle einsammeln, damit die Werfer nicht warten müssen
- Immer zwei Spieler führen im Wechsel ihre drei Würfe durch (insgesamt 9 Würfe je Spieler)

Ablauf:

- 🔺1 startet dynamisch Richtung Tor, bekommt von 🔺4 den Ball in den Lauf gespielt (A) und wirft aus dem Sprungwurf heraus über den defensiv stehenden 🟢1 hinweg (B)
- Nach dem Wurf umläuft 🔺1 sofort das Hütchen (C)
- 🟢1 verschiebt zur nächsten Wurfposition (D)
- 🔺1 bekommt von 🔺4 den nächsten Ball in den Lauf gespielt (E) und wirft wieder über den defensiv stehend Block von 🟢1 aus dem Sprungwurf (F)
- Danach wiederholt sich der Ablauf ein drittes Mal auf RR (G)
- Nach dem dritten Wurf, startet der gleiche Ablauf mit 🔺2
- Usw.

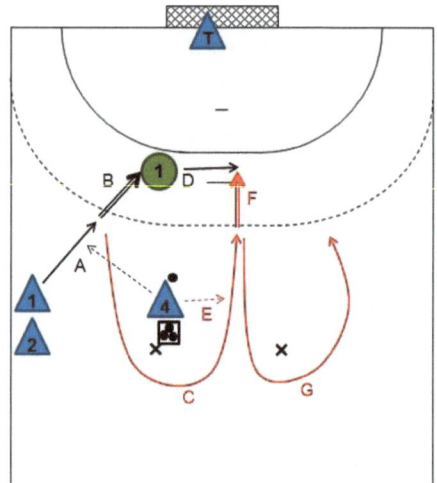

⚠ 🟢1 und 🔺T sollen sich beim defensiven Blocken immer wieder absprechen (Abwehreck/Torhütereck)

Nr.: 169-7	Abwehr / individuell	15	85

Grundablauf:

- Jeder Abwehrspieler macht sechs Abwehraktionen in Folge (3mal rechts und 3mal links). Nach einer kurzen Pause, wiederholt sich der Ablauf für die Abwehrspieler

Ablauf:

- 1 läuft dynamisch an und bekommt von 5 in den Lauf gespielt (A)

- 1 verteidigt offensiv auf Höhe der 9 Meter Linie die 1gegen1 Aktion gegen 1, der versucht, durchzubrechen und mit Wurf abzuschließen (B und C)

- Nach dieser Aktion umläuft 1 das hintere Hütchen (D) und verteidigt die 1gegen1 Aktion von 3 auf der anderen Halbseite, der von 5 den Ball in den Lauf gespielt bekommt (E)

- Usw. bis 1 sechs 1gegen1 Aktionen in Folge verteidigt hat, danach ist der nächste Abwehrspieler an der Reihe

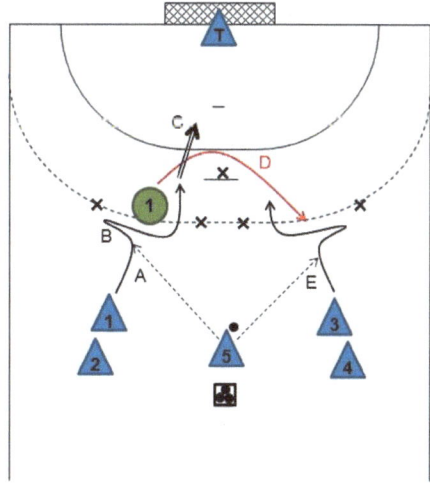

⚠ Die Angreifer sollen ihre Aktion starten, wenn 1 gerade seine Position auf Höhe der 9 Meter Linie erreicht hat

| Nr.: 169-8 | Abschlusssprint | 5 | 90 |

Aufbau:
- Zwei Mannschaften bilden, die je eine dünne Turnmatte tragen müssen
- Immer drei Spieler müssen pro Durchgang die Matte tragen (falls die Matte zu schwer ist, vier Spieler nehmen)

Ablauf:
- Die beiden Mannschaften starten auf Kommando gleichzeitig (A)
- Die drei Spieler tragen die Matte gemeinsam im Slalom durch den Hütchenparcours (B)
- Nach dem Durchgang (C) wird ein Spieler (bei mehr als vier Spielern je Mannschaft, zwei oder mehr Spieler austauschen) ausgetauscht und der Ablauf wiederholt sich z.B. 5 Durchgänge

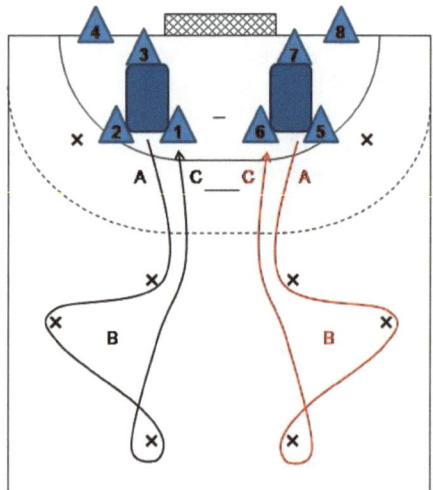

Verlierermannschaft muss z.B. Liegestützen oder Sit-Ups ausführen

Variation:
- Auf die Matte einen Ball legen, der balanciert werden muss. Fällt er herunter, muss er erst wieder auf die Matte gelegt werden, bevor weitergelaufen werden darf

⚠ Für den hinteren Spieler (hier im Beispiel **3** und **7**) ist die Übung sehr intensiv, da er „alleine" trägt

Nr.: 183	Das Zusammenspiel in der Abwehr gegen den Kreisläufer im Mittelblock trainieren	★★	90

Startblock		Hauptblock			
X	Einlaufen/Dehnen		Angriff / individuell		Sprungkraft
	Laufübung		Angriff / Kleingruppe		Sprintwettkampf
	Kleines Spiel		Angriff / Team		Torhüter
	Koordination		Angriff / Wurfserie		
X	Laufkoordination		Abwehr /Individuell		**Schlussblock**
	Kräftigung	X	Abwehr / Kleingruppe	X	Abschlussspiel
X	Ballgewöhnung	X	Abwehr / Team		Abschlusssprint
X	Torhüter einwerfen		Athletiktraining		
			Ausdauertraining		

★:Einfache Anforderung (alle Jugend-Aktivenmannschaften) ★★: Mittlere Anforderung (geeignet ab C-Jugend bis Aktive) ★★★: Höhere Anforderung (geeignet ab B-Jugend bis Aktive) ★★★★: Intensive Anforderung (geeignet für Leistungsbereiche)

Legende:

✖ Hütchen

△1 Angreifer

●1 Abwehrspieler

▭ kleine Turnkiste

⊞ Koordinationsleiter

▬ Pommes (Schaumstoffbalken)

Benötigt:
→ 1 Koordinationsleiter, 5-6 Pommes, 2 kleine Turnkisten, 4 Hütchen, Tape für die Markierung am Boden, ausreichend Bälle

Beschreibung:
Das Ziel dieser Trainingseinheit liegt im Übergeben und Übernehmen des Kreisläufers im Mittelblockbereich. Nach dem Einlaufen und einer Übung zur Laufkoordination, folgt eine Übung, in der die Laufbewegung für einen Abwehrspieler und anschließende 1gg1-Aktionen geschult werden. Das Torhüter einwerfen erweitert die erste Übung um einen Torwurf. Die anschließende Kleingruppenübung beinhaltet das Heraustreten und Absichern des Kreisläufers und wird zu einer 3gg4 Übung mit einer Wettkampfform erweitert. Im abschließenden 5gg6 Spiel wird das zuvor Geübte dann in einem Spiel gefestigt.

Insgesamt besteht die Trainingseinheit aus folgenden Schwerpunkten
- Einlaufen/Dehnen (Einzelübung: 10 Minuten / Trainingsgesamtzeit: 10 Minuten)
- Laufkoordination (10/20)
- Ballgewöhnung (10/30)
- Torhüter einwerfen (15/45)
- Abwehr/Kleingruppe (20/65)
- Abwehr/Team (15/80)
- Abschlussspiel (10/90)

Gesamtzeit der Trainingseinheit: 90 Minuten

Nr.: 183-1	Einlaufen/Dehnen	10	10

Ablauf:

- Zwei Spieler laufen gemeinsam durch die Halle und passen sich dabei einen Ball zu
- Laufrichtung (vorwärts, rückwärts, seitwärts) und Laufbewegung (Hopserlauf, Sidesteps, Knie anziehen) immer wieder ändern
- Normale Pässe/Sprungwurf-Pässe, Pässe mit der falschen Hand
- Schattenlaufen, ein Spieler macht eine Bewegung vor, der andere muss sie nachmachen
- Auf Pfiff des Trainers, müssen sich die Spieler, die gerade den Ball haben, einen neuen Partner suchen und mit diesem dann sofort weiterpassen

Gemeinsames Dehnen in der Gruppe, immer abwechselnd eine Übung vormachen

Nr.: 183-2	Laufkoordination	10	20

Grundablauf:

- Jeder Spieler läuft je Durchgang 2 Runden
- Sprintgeschwindigkeit
  - erster Durchgang 60%
  - zweiter Durchgang 80%
  - dritter Durchgang 100%
- Zwischen den Durchgängen macht jeder Spieler 20 lockere Hampelmannbewegungen
- Die Schaumstoffbalken werden zuerst eng und dann mit immer weiter werdendem Abstand auf den Boden gelegt (G)

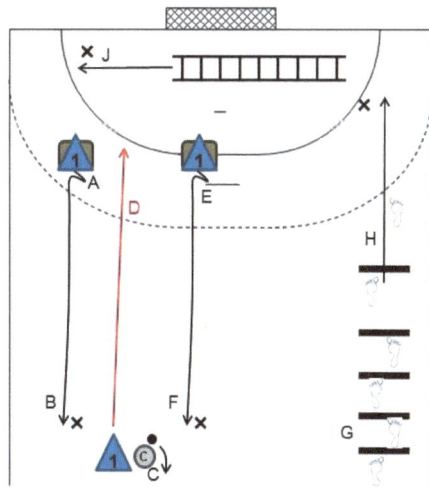

Ablauf:

- 🔺 stellt sich beidbeinig auf die kleine Turnkiste, springt mit einem kleinen Hüpfer beidbeinig auf den Boden (A) und sprintet sofort los bis zum Hütchen (B)
- Sobald 🔺 losgesprintet ist, startet der nächste Spieler, usw.
- 🔺 stellt sich neben den Trainer, der einen Ball in der Hand hält und macht schnelle Skippings auf der Stelle. Wenn der Trainer den Ball auf den Boden prellt (C), startet 🔺 und sprintet zwischen die beiden Turnkisten (D)
- Danach wiederholt sich der erste Ablauf auf der zweiten kleinen Turnkiste, mit dem Hüpfer (E) und dem Sprint zum Hütchen (F)
- 🔺 läuft in lockerem Tempo zur Schaumstoffbalkenbahn. Die Bahn wird mit je einem Kontakt in jedem Zwischenraum so schnell wie möglich durchlaufen (G) und am Ende ein Sprint bis zum Hütchen angezogen (H)

- Zum Schluss durchläuft 🔺 die Koordinationsleiter mit Doppelkontakt in den Zwischenräumen (li. und re. Fuß) so schnell wie möglich und sprintet am Ende aus der Koordinationsleiter heraus bis zum Hütchen (J)

⚠️ Die Sprintbahnen (B, D, F, H und J) nach der Vorübung sollen jeweils sofort und mit hohem Tempo absolviert werden

Nr.: 183-3	Ballgewöhnung	10	30

Grundaufbau:

- Immer drei Spieler gehen mit einem Hütchen und einem Ball zusammen

Ablauf:

- **1** stößt nach vorne (A) und **1** tritt dieser Stoßbewegung entgegen (B)

- **1** passt den Ball zu **2** (C)

- **1** sinkt leicht nach hinten zur „Absicherung" des Hütchen zurück und tritt danach sofort der Stoßbewegung von **2** entgegen (D) „Dreiecksbewegung"

- Danach geht der Ball wieder zurück in die Stoßbewegung zu **1** usw.

- Der Stoßvorgang wiederholt sich so lange, bis ein Spieler den Ball vor sich auf den Boden prellt (hier im Beispiel **1**). Das ist das Zeichen für die 1gg1 Folgeaktion

- **1** geht nun dynamisch Richtung Hütchen (F) und versucht in einer 1gg1 Aktion, das Hütchen zu erreichen (H). **1** versucht durch schnelle Beinarbeit und unter Einsatz der Arme, **1** vom Hütchen fernzuhalten (G)

- Gelingt es **1**, das Hütchen zu erreichen, oder schafft es **1**, den Angriff von **1** zu unterbinden, spielt **1** den Ball zu **2** weiter (J) und **2** startet ebenfalls seine 1gg1 Aktion gegen **1**

- Danach tauschen die drei Spieler die Position und der Ablauf wiederholt sich

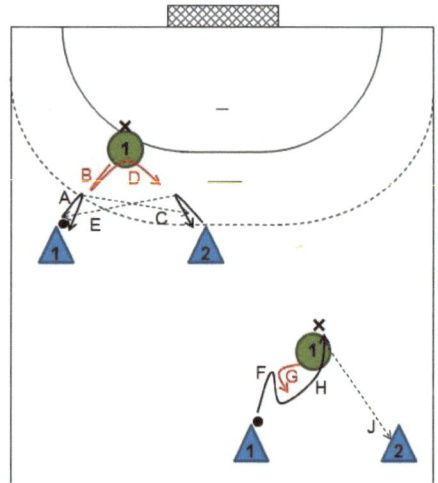

⚠ **1** und **2** sollen die Passgeschwindigkeit beim Stoßen so wählen, dass **1** die „Dreiecksbewegung" korrekt ausführen kann

⚠ **1** soll bei der Dreiecksbewegung immer in der korrekten Abwehrhaltung dem Angreifer entgegen treten (richtige Fußstellung und Armhaltung)

Nr.: 183-4	Torhüter einwerfen	15	45

Ablauf:

- ▲ stößt mit Ball dynamisch an (A)

- ● tritt der Stoßbewegung von ▲ entgegen und attackiert ▲ (B)

- ▲ spielt ▲ den Ball in den Lauf (C)

- Nach dem Pass zieht sich ▲ sofort wieder rückwärts zurück (D)

- ▲ geht dynamisch Richtung Tor und wirft nach Vorgabe (hoch, halb oder tief) nach links (F)

- ▲ macht mit dem Pass von ▲ (C) zuerst eine dynamisch Bewegung zum Pfosten (G) und geht dann in die Bewegung nach rechts, um den Ball von ▲ zu halten (H). Danach geht ▲ wieder zurück in die Tormitte und wiederholt den Ablauf beim nächsten Wurf von der anderen Seite von ▲ mit dem umgekehrten Laufweg

- ● zieht sich nach der 1. Aktion (B) sofort rückwärts zum Hütchen zurück (E) und geht der Stoßbewegung (K) von ▲ entgegen und attackiert ▲ (J)

- ▲ spielt ▲ den Ball in den Lauf (L), der ebenfalls mit Wurf (nach rechts) abschließt

- Usw., bis alle Spieler geworfen haben, danach den Abwehrspieler tauschen, bis alle Spieler einmal in der Abwehr waren

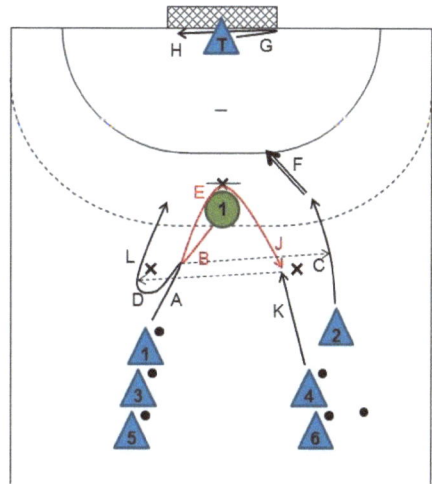

Wurfvariationen für die Angreifer:

- Auf den kurzen Pfosten werfen (Laufbewegung für ▲ dreht sich dann um)
- Freies Werfen ab 9 Meter. Die Angreifer sollen mit nur einem Schritt nach dem Pass (C) in den Sprungwurf gehen und bei 9 Meter werfen (F)

⚠ Bei der Abwehrbewegung von ● auf die korrekte Ausführung achten (Fußstellung und Armführung zum Wurfarm)

⚠ ● soll mit hoher Dynamik die Angreifer angehen und deutlich stören (gleichzeitige Schulung für die Angreifer, die unter Außeneinwirkung einen „sauberen" Ball spielen sollen)

Nr.: 183-5	Abwehr / Kleingruppe	20	65

Grundablauf:

- ▲6 steht auf Höhe der 7-Meter-Linie, ohne sich zu bewegen!

Ablauf:

- ▲1 stößt an und bekommt von ▲2 den Ball in den Lauf gespielt (A)

- ●1 tritt aktiv der Stoßbewegung von ▲1 entgegen (B) und attackiert ▲1 deutlich

- ▲2 rutscht nach innen und schirmt ▲6 gegen das Anspiel von ▲1 ab (C)

- ▲1 zieht in der 1gg1 Aktion gegen ●1 Richtung Mitte und spielt den Ball zu ▲2 (D)

- ▲2 spielt aus einer kurzen Stoßbewegung heraus den Ball weiter in die Stoßbewegung von ▲3 (E)

- ●1 rutscht nach innen und schirmt ▲6 gegen das Anspiel von ▲3 ab (F)

- ●2 tritt aktiv der Stoßbewegung von ▲3 entgegen (G) und attackiert ▲3 deutlich

- ▲3 zieht in der 1gg1 Aktion gegen ●2 Richtung Mitte und spielt den Ball zu ▲2 (H)

- ▲2 spielt den Ball wieder zu ▲1 und der Ablauf wiederholt sich

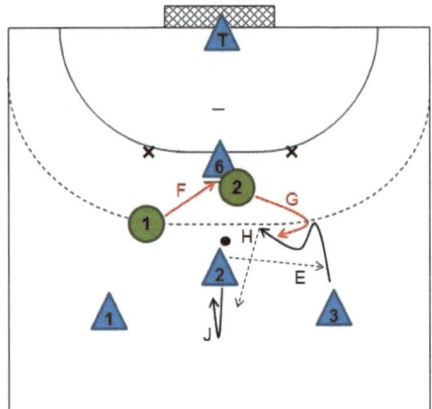

Erweiterung 1:

- 1 und 3 haben im Zusammenspiel mit 2 10 Pässe Zeit, den Ball zu 6 an den Kreis zu spielen (K)

- 6 muss dabei aber weiterhin stehen bleiben, darf sich aber mit seinem Oberkörper und den Armen dem Ball entgegenstrecken

⚠ 1 und 2 sollen den Angreifern deutlich entgegentreten und die Angriffsaktionen innerhalb des 9-Meter Raumes aktiv und intensiv bekämpfen

Nr.: 183-6	Abwehr / Team		15	80

Grundablauf:

- 6 darf sich innerhalb des durch Tape markierten Bereichs bewegen (G)
- 4 und 5 dienen als Anspielstationen
- Die Angreifer müssen je Angriffsaktion nach spätestens 12 Pässen einen Abschluss geschafft haben
- 1, 2 und 3 sollen im Zusammenspiel als Hauptaufgabe versuchen, den Ball in ihren Aktionen zu 6 zu passen. Tritt die Abwehr dabei nicht heraus, dürfen sie auch innerhalb des 9-Meter Raum werfen, oder versuchen, durchzubrechen und von 6-Meter zu werfen
- Nach fünf Angriffsaktionen die Aufgaben tauschen, welche Abwehrspieler verhindern mehr Tore?

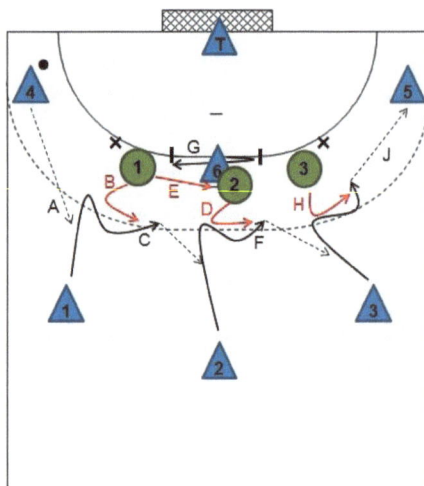

Ablauf:

- 1 bekommt den Ball von 4 in den Lauf gespielt (A)
- 1 soll der Stoßbewegung von 1 deutlich entgegen treten (B) und aktiv bekämpfen
- 1 spielt den Ball in die Stoßbewegung von 2 (C)
- 2 soll der Stoßbewegung von 2 deutlich entgegen treten (D) und aktiv bekämpfen

- 1 schiebt nach hinten innen und übernimmt das Abschirmen von 6 (E)
- 2 spielt den Ball in die Stoßbewegung von 3 (F)
- 3 soll der Stoßbewegung von 3 deutlich entgegen treten (H) und aktiv bekämpfen
- 3 spielt den Ball nach außen zu 5 (J), danach wiederholt sich der Ablauf von der anderen Seite, usw.

Zuordnungen:

- ①, ② und ③ sollen permanent laute Absprachen über die Zuordnung zu ⚠ treffen

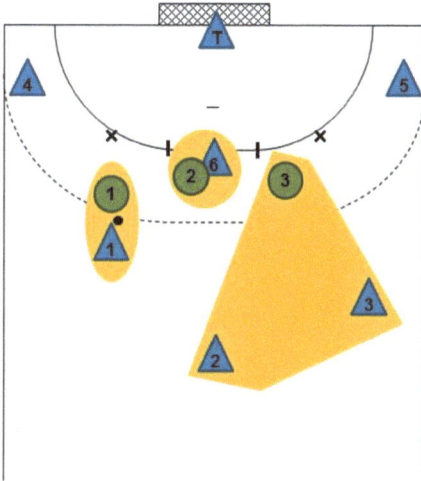

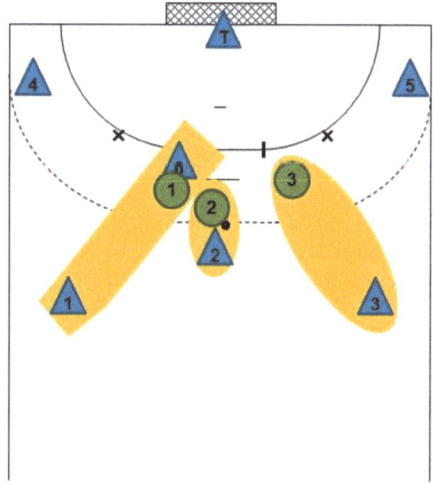

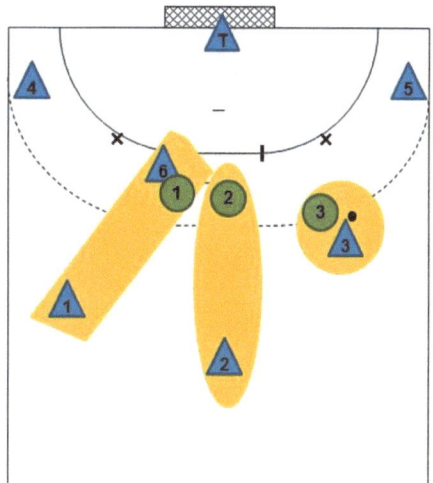

Nr.: 183-7	Abschlussspiel		10	90

Aufbau:

- 2 Mannschaften bilden, die im 6:5 gegeneinander spielen
- Die angreifende Mannschaft spielt immer in Überzahl (der Kreisläufer ist fest und spielt bei beiden Mannschaften am Kreis)

Ablauf:

- Die in Überzahl spielenden Angreifer sollen versuchen, mit dem Kreisläufer zusammen zu spielen
- Treten die Abwehrspieler der Angriffsaktion nicht entgegen, dürfen die Angreifer innerhalb von 9-Meter auch aus der „Ferne" werfen, oder durchbrechen und von 6-Meter werfen

Für die Verlierermannschaft vorher eine Aufgabe definieren

Nr.: 184	Abwehrarbeit auf der Außenposition in offensiven Abwehrformationen		★★	90

Startblock		Hauptblock				
X	Einlaufen/Dehnen		Angriff / individuell			Sprungkraft
	Laufübung		Angriff / Kleingruppe	X		Sprintwettkampf
	Kleines Spiel		Angriff / Team			Torhüter
	Koordination		Angriff / Wurfserie			
	Laufkoordination	X	Abwehr /Individuell			**Schlussblock**
	Kräftigung		Abwehr / Kleingruppe	X		Abschlussspiel
	Ballgewöhnung		Abwehr / Team			Abschlusssprint
X	Torhüter einwerfen		Athletiktraining			
			Ausdauertraining			

★:Einfache Anforderung (alle Jugend-Aktivenmannschaften)	★★: Mittlere Anforderung (geeignet ab C-Jugend bis Aktive)	★★★: Höhere Anforderung (geeignet ab B-Jugend bis Aktive)	★★★★: Intensive Anforderung (geeignet für Leistungsbereiche)

Legende:

✘ Hütchen

▣ Ballkiste

🔺1 Angreifer

🟢1 Abwehrspieler

Benötigt:
→ 8 Hütchen, Ballkiste mit ausreichend Bällen

Beschreibung:

Die Verbesserung des individuellen Abwehrverhaltens der Außenspieler, vor allem in offensiven Abwehrformationen, ist Hauptziel dieser Trainingseinheit. Nach der Erwärmung mit Einlaufen und einem kleinen Sprintwettkampf, wird in einer ersten Abwehrübung trainiert, dem Angreifer den Weg nach außen anzubieten und ihn dann weit nach außen abzudrängen. Auch das Torhüter einwerfen greift dieses Thema noch einmal auf, bevor es im Spiel 1gegen1 auf das Tor vertieft wird. Der zweite Teil befasst sich dann mit der Abwehr gegen Einläufer, bevor beide Abwehraspekte im Abschlussspiel kombiniert angewendet werden.

Insgesamt besteht die Trainingseinheit aus folgenden Schwerpunkten
- Einlaufen/Dehnen (Einzelübung: 10 Minuten / Trainingsgesamtzeit: 10 Minuten)
- Sprintwettkampf (10/20)
- Abwehr/individuell (15/35)
- Torhüter einwerfen (10/45)
- Abwehr/individuell (15/60)
- Abwehr/individuell (15/75)
- Abschlussspiel (15/90)

Gesamtzeit der Trainingseinheit: 90 Minuten

Nr.: 184-1	Einlaufen/Dehnen	10	10

Ablauf:

- Alle Spieler laufen durcheinander
- Ein Spieler macht Bewegungen (Laufen und Armkreisen, Hopserlauf, Sidesteps, Springen o.ä.) vor, die alle anderen Spieler nachmachen
- Auf Pfiff gehen immer zwei Spieler zusammen und stellen sich auf zwei parallelen Linien mit Blick zueinander auf.
- Ein Spieler läuft Sidesteps auf seiner Linie nach links und rechts mit schnellen Richtungswechseln. Der andere Spieler spiegelt die Bewegung, d.h. macht die Seitwärtsschritte nach, so dass er möglichst immer vor dem anderen Spieler steht
- Beim nächsten Pfiff ist Aufgabenwechsel (Vor- und Nachmachen), beim dritten Pfiff starten die Spieler wieder mit der Bewegung im Feld. Ein anderer Spieler macht jetzt die Bewegungen vor. Beim nächsten Pfiff bilden sich neue Paare und der Ablauf wiederholt sich.

Gemeinsam in der Gruppe dehnen/mobilisieren

Nr.: 184-2	Sprintwettkampf	10	20

Aufbau:

- Zwei Mannschaften bilden und für jede Mannschaft vier Hütchen wie im Bild aufstellen.

Ablauf:

- 1 und 2 starten auf Kommando gleichzeitig und laufen vom ersten zum zweiten Hütchen (A).
- Sie umrunden das Hütchen (B), laufen rückwärts zurück zum ersten Hütchen (C) und dann vorwärts um das dritte Hütchen (D) und am vierten Hütchen vorbei (E) und dann in Richtung Tor.
- Dort berühren sie jeweils den Torpfosten und laufen anschließend außen herum zurück (F) und schlagen den nächsten (3 bzw. 4) Spieler ab.
- Usw. bis jeder Spieler jeder Mannschaft einmal gelaufen ist.
- Welche Mannschaft ist insgesamt schneller?
- In der zweiten Runde die Seiten tauschen, damit der Laufweg jeweils anders herum absolviert werden muss.

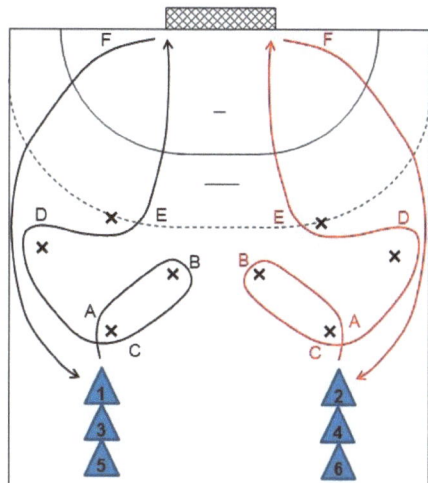

⚠ Auf Einhaltung des korrekten Laufweges achten, eventuell Strafsekunden für jede Abweichung verteilen

Variation:

- Beim Laufen einen Ball prellen

Nr.: 184-3	Abwehr / individuell	15	35

Aufbau:

- Auf beiden Seiten je ein Hütchentor aus zwei Hütchen wie im Bild aufstellen. Jeweils ein Abwehrspieler verteidigt ein Hütchentor

Ablauf:

- 🔺 startet und läuft ohne Ball auf das Tor zu, mit dem Ziel, an ① vorbei durch das Hütchentor zu laufen (A).
- ① tritt 🔺 entgegen (B) und bietet 🔺 den Weg nach außen an
- Dann begleitet ① den Angreifer und versucht, ihn am Tor vorbei zu schieben (C)
- 🔺 startet zeitgleich mit 🔺 auf der anderen Seite und ② drängt ihn nach außen ab.
- Schafft der Abwehrspieler es, den Angreifer am Tor vorbeizuschieben (D), bekommt der Abwehrspieler einen Punkt.
- Schafft es der Angreifer, an der Außenseite des Abwehrspielers durch das Tor zu laufen (E), werden keine Punkte verteilt.
- Schafft es der Angreifer, nach innen durch das Tor zu laufen (nicht im Bild), bekommt der Abwehrspieler einen Minuspunkt.
- Die Angreifer stellen sich nach der Aktion auf der anderen Seite wieder an (F)
- Nach einem kompletten Durchgang werden die Abwehrspieler getauscht.
- Welcher Abwehrspieler schafft am meisten Punkte?

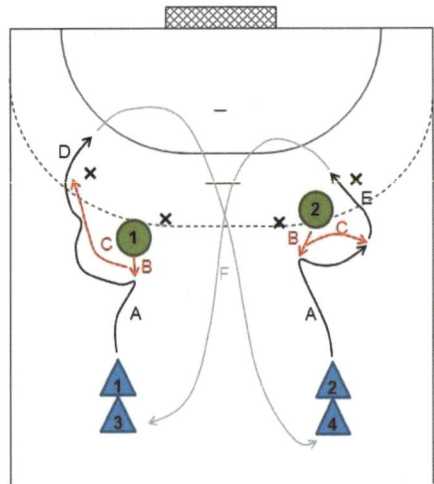

⚠️ Die Abwehrspieler sollen dem Angreifer entgegen gehen und sich dabei schräg stellen und den Weg zur Mitte versperren

⚠️ Die Abwehrspieler sollen deutlich Kontakt aufnehmen und den Angreifer durch aktive Beinarbeit nach außen abdrängen (C) und ihm so keine Chance lassen, durch das Tor zu laufen.

⚠️ Auch während des Abdrängens nach außen, muss der Abwehrspieler immer wachsam sein, falls der Angreifers doch zur Mitte „abbiegt"

| Nr.: 184-4 | Torhüter einwerfen | 10 | 45 |

Aufbau:
- Zwei Hütchen wie im Bild aufstellen

Ablauf:
- 🔵 startet mit Ball und prellt Richtung Hütchentor (A).
- 🟢 tritt 🔵 deutlich entgegen und schiebt ihn mit schneller Beinarbeit nach links über das Hütchen hinaus (B)
- Sobald 🔵 seitlich neben dem Hütchen ist, macht 🔵 noch drei Schritte und wirft nach Vorgabe (Hände, hoch, tief) nach links (D)
- 🟢 läuft schnell auf die andere Seite und schiebt den dort anlaufenden 🔵 (E) nach rechts bis neben das Hütchen (C)
- 🔵 wirft nach Vorgabe nach rechts (F)
- 🟢 läuft wieder auf die andere Seite, auf der 🔵 bereits anläuft usw.

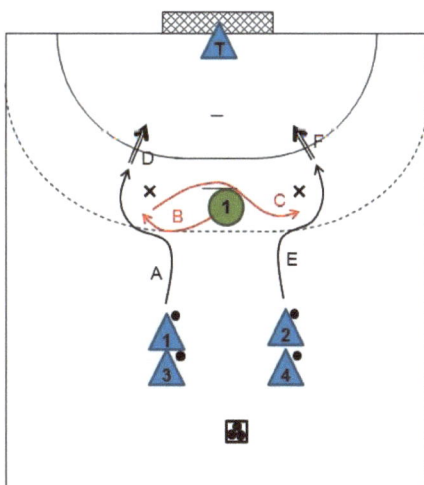

⚠️ Die Angreifer sollen zunächst gerade anlaufen und erst nach links, rechts laufen, wenn sie deutlich den Druck des Abwehrspielers bekommen.

⚠️ Abwehrspieler in jedem Durchgang wechseln

Nr.: 184-5	Abwehr / individuell	15	60

Aufbau:

- Zwei Hütchen auf jeder Seite wie im Bild aufstellen

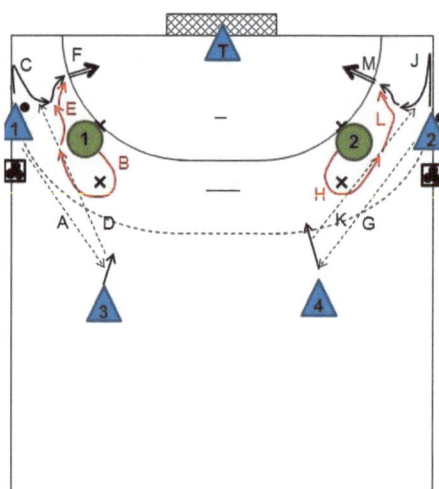

Ablauf:

- ▲1 passt zu ▲3 (A) und zieht sich sofort wieder nach außen zurück, um in den Rückpass von ▲3 (D) anzulaufen (C).

- Beim Pass von ▲1 zu ▲3 startet ●1 um das vordere Hütchen (B) und geht danach in die Abwehraktion gegen ▲1.

- ●1 versperrt ▲1 den Weg nach innen und drängt ihn nach außen ab (E), so dass ▲1 aus einer schlechten Position werfen muss (F)

- Dann startet der Ablauf mit ▲2, ▲4 und ●2 auf der anderen Seite (G-M)

- ▲1 stellt sich nach der Aktion auf die Position von ▲3, ▲3 rutscht nach außen und wird der nächste Außenangreifer

⚠ Die Abwehrspieler sollen mit fairen Mitteln die Angreifer nach außen abdrängen und dabei immer ein Einbrechen zur Mitte verhindern. Ziel ist es, den Angreifer zu einem Wurf aus einer ungünstigen Position zu zwingen.

⚠ Abwehrspieler regelmäßig wechseln

| Nr.: 184-6 | Abwehr / individuell | 15 | 75 |

Aufbau:
- Hütchentore wie im Bild aufstellen

Ablauf:

- ▲3 und ▲4 passen sich fortlaufen einen Ball (A und B)
- Irgendwann während der Pässe von ▲3 und ▲4, versucht einer der beiden Außenspieler (im Bild ●2), an den Kreis einzulaufen (C).
- Der Außenabwehrspieler (hier ●2), erschwert das Einlaufen und begleitet ▲2 (D), sodass ein Pass von ▲4 oder ▲3 (E) nicht möglich ist.
- Sollte der Pass (E) dennoch möglich sein, versucht ●2, ein Drehen des Einläufers zum Kreis und den Wurf (F) zu verhindern.
- Nach der Aktion beginnen ▲3 und ▲4 sofort wieder mit dem Passen. ●2 und ▲2 nehmen ihre Position wieder ein und die Übung beginnt von Neuem

⚠ Die Abwehrspieler sollen das Einlaufen durch gutes Stellungsspiel erschweren und dann die Angreifer so begleiten, dass möglichst kein Pass gespielt werden kann.

⚠ Die Abwehrspieler sollen ihre Ausgangsposition dabei variieren (hinten am Kreis, in der Tormitte, am vorderen Hütchen)

⚠ Positionen regelmäßig wechseln

Nr.: 184-7	Abschlussspiel	15	90

Ablauf:

- 🔺1 und 🔺2 spielen auf den Außenpositionen gegen 🟢1 und 🟢2

- 🔺3 und 🔺4 dienen als Pass- und Anspielstationen (A)
- Es werden 10 Angriffe gespielt, wobei nur die Außenspieler Tore schießen dürfen, entweder durch 1gegen1-Aktionen (C) oder durch Einlaufen am Kreis (G)
- Geht ein Angreifer ins 1gegen1 (im Bild 🔺2), versucht, der Abwehrspieler (🟢2), ihn weit nach außen abzudrängen und zu einem ungünstigen Wurf oder zum Abbruch der Aktion zu zwingen (D)
- Läuft ein Spieler ein (im Bild 🔺1), erschwert der Abwehrspieler (🟢1) das Einlaufen und begleitet 🔺1 so lange, dass möglichst kein Pass (H) möglich ist (G)
- Nach 10 Angriffen ist Aufgabenwechsel.
- Welche beiden Abwehrspieler bekommen in den 10 Abwehraktionen die wenigsten Tore?

6. Vorlage für die Trainingsplanung:

Beschreibung: Jede Übung des Trainings kann über eine eigene Skizze (Spielfeld-Vordruck) plus Beschreibungstext geplant werden.

Datum: _____   Thema: _____

Thema:	Zeit:
Beschreibung:	

Thema:	Zeit:
Beschreibung:	

Thema:	Zeit:
Beschreibung:	

Kostenloser Download unter: http://handball-uebungen.de/index.php/formulare

Über den Autor

Eckpunkte meiner Trainerlaufbahn

seit Juli 2012
Inhaber der DHB A-Lizenz

seit November 2011
Buch Autor (handall-uebungen.de, Handball Praxis und
Handball Praxis Spezial)

2009/2010
Aufstieg in die Baden-Württemberg Oberliga

2008-2010
Jugendkoordinator und Jugendtrainer bei der SG
Leutershausen

seit 2006
B-Lizenz Trainer

Motivation
1995 überredete mich ein Freund, mit ihm zusammen das Training einer männlichen
D- Jugend zu übernehmen.

Dies war der Beginn meiner Trainertätigkeit. Daraufhin fand ich Gefallen an den
Aufgaben eines Trainers und stellte stets hohe Anforderungen an die Art meiner
Übungen. Bald reichte mir das Standardrepertoire nicht mehr aus und ich begann,
Übungen zu modifizieren und mir eigene Übungen zu überlegen.

Heute trainiere ich mehrere Jugend- und Aktivmannschaften in einem breit
gefächerten Leistungsspektrum und richte meine Trainingseinheiten gezielt auf die
jeweilige Mannschaft aus, womit ich sehr erfolgreich bin.

Regelmäßige Trainerfortbildungen runden das Leistungsspektrum ab.

Mein Ehrgeiz liegt darin begründet, jeden Spieler innerhalb seiner Möglichkeiten den
eigenen Zielen Stück für Stück näher zu bringen.

Ich möchte meine Übungssammlung auch anderen Trainern zugänglich machen und
diese damit zu eigenen Ideen anregen.

Das Team von handball-uebungen.de besteht mittlerweile aus drei Trainern, die sich
um die Planung und Gestaltung der Inhalte kümmert.

Ihr
Jörg Madinger

7. Weitere Fachbücher von handball-uebungen.de

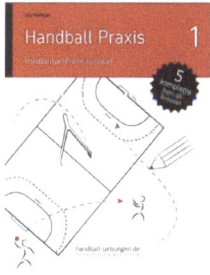

Handballspezifische Ausdauer (5 Trainingseinheiten)
Die Grundlagenausdauer ist im Handball Voraussetzung für ein hohes spielerisches Niveau über das ganze Spiel hinweg. Hinzu kommt eine handballspezifische Ausdauer, die sich in einer hohen Schnelligkeitsausdauer und einer guten Erholung von Belastungsspitzen niederschlägt. In den folgenden Trainingseinheiten soll dargestellt werden, wie diese Ausdauer handballspezifisch und mit Spaß trainiert werden kann. Zudem wird in den Trainingseinheiten auch die Konzentration unter Ermüdungsbedingungen geschult, eine im Handball nicht wegzudenkende Fähigkeit, die oft den entscheidenden Vorteil am Ende eines Spieles ausmacht.

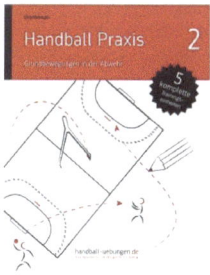

Grundbewegungen in der Abwehr (5 Trainingseinheiten)
Die individuelle Ausbildung der einzelnen Spieler, sowie das Zusammenspiel in der Mannschaft ist ein wichtiger Baustein für den Erfolg und muss immer wieder wiederholt und vertieft werden.

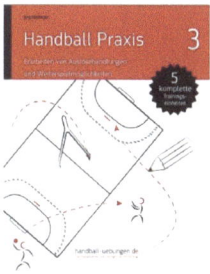

Erarbeiten von Auslösehandlungen und Weiterspielmöglichkeiten
(5 Trainingseinheiten)
Im gebundenen Spiel 6 gegen 6 ist es nicht immer einfach, eine kompakt stehende Abwehr zu überwinden. Mit diesen Auftakthandlungen (Auslösehandlungen) bringen sie Bewegung in die gegnerische Abwehr.

Mehrere Weiterführungsmöglichkeiten bieten variable Abschlussmöglichkeiten.

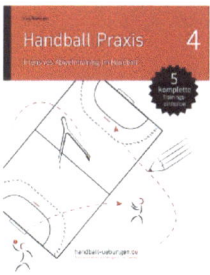

Intensives Abwehrtraining im Handball (5 Trainingseinheiten)
Der Angriff schießt die Tore, die Abwehr gewinnt das Spiel.

Im folgenden Band finden Sie fünf methodisch ausgearbeitete Trainingseinheiten zum Thema Abwehr im Handballspiel. Die individuelle Ausbildung der einzelnen Spieler, sowie das Zusammenspiel in der Mannschaft ist ein wichtiger Baustein für den Erfolg und muss immer wieder wiederholt und vertieft werden. Ebenso ist eine konditionelle Fitness gerade für eine konzentrierte Abwehrleistung immens wichtig. Diese Einheiten legen ein großes Augenmerk auf konditionelle Elemente und sind daher für ältere Jugendmannschaften und erwachsene Mannschaften aus dem Leistungsbereich sehr zu empfehlen.

Abwehrsysteme erfolgreich überwinden (5 Trainingseinheiten)

Nicht immer hat man überragende Einzelspieler, die in 1gegen1 Aktionen die Spielsituation lösen können, daher ist strukturiertes Zusammenspiel ein wichtiger und spielentscheidender Faktor, um gegnerische Abwehrreihen zu überwinden. In diesem Buch werden fünf Trainingseinheiten vorgestellt, die methodisch Auftakthandlungen gegen verschiedene Abwehrsysteme erarbeiten.

Die ersten beiden Trainingseinheiten erarbeiten Schritt für Schritt die Grundlagen der Kreuzbewegungen und der Sperrstellung des Kreisläufers mit Absetzen. In den weiteren drei Einheiten liegt der Schwerpunkt beim Spiel gegen eine 6:0, 5:1 und 3:2:1 Abwehr. Auftakthandlungen zum Ausspielen der jeweiligen Abwehrformation werden erarbeitet.

Schritt für Schritt zur 3-2-1 Abwehr (6 Trainingseinheiten)

Die 3-2-1 Abwehr ist ein hervorragendes taktisches Mittel, um den Angriff im Aufbau unter Druck zu setzen. Schnelle Ballgewinne und Konter sind oft die Folge. Gute konditionelle Eigenschaften, sowie eine gute Ausbildung im 1gegen1 in der Abwehr sind allerdings Grundvoraussetzungen dafür. Für eine allumfassende Ausbildung in der Jugend gehört die 3-2-1 Abwehr zwingend dazu.

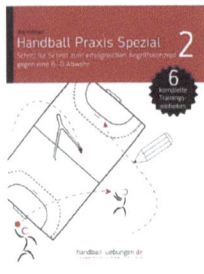

Schritt für Schritt zum erfolgreichen Angriffskonzept gegen eine 6-0 Abwehr (6 Trainingseinheiten)

Die sechs im Buch enthaltenen Trainingseinheiten erarbeiten eine Auftakthandlung gegen eine 6:0-Abwehr mit verschiedenen variablen Weiterspielmöglichkeiten. Die ersten drei Trainingseinheiten vermitteln dabei die individuellen und kleingruppentaktischen Grundlagen für ein Spiel gegen die 6:0- Abwehr, zunächst die dynamische Stoßbewegung mit Durchbruchentscheidung, dann die Grundlagen des Kreuzens und des Zusammenspiels mit dem Kreisläufer. Die folgenden drei Trainingseinheiten führen als Auftakthandlung Kreuzen des Mittelspielers mit dem Außen ein und bieten mit drei Varianten im weiteren Zusammenspiel variable Möglichkeiten, die gegnerische Abwehr auszuspielen.

Besuchen Sie unseren Shop unter www.handball-uebungen.de

Aus der Reihe „Handball Übungen" sind folgende eBooks erhältlich

Passen und Fangen in der Bewegung Teil 1 (25 Übungen)
Passen und Fangen sind zwei Grundtechniken im Handball, die im Training permanent trainiert und verbessert werden müssen. Die vorliegenden 25 praktischen Übungen bleten viele Varianten, um das Passen und Fangen anspruchsvoll und abwechslungsreich zu trainieren. Ein besonderer Fokus liegt dabei darauf, die Sicherheit beim Passen und Fangen auch in der Bewegung mit hoher Dynamik zu verbessern. Deshalb werden die Übungen mit immer neuen Laufwegen und spielnahen Bewegungen gekoppelt.

Die Übungen sind leicht verständlich in Text und Übungsbild erklärt und können in jedes Training direkt integriert werden. Durch verschiedene Schwierigkeitsgrade und Komplexitätsstufen kann für jede Altersstufe das Passen und Fangen passend gestaltet werden.

Passen und Fangen in der Bewegung Teil 2 (25 Übungen)
2. Teil mit weiteren Übungen

Effektives Einwerfen der Torhüter Teil 1 (25 Übungen)
Das Einwerfen der Torhüter ist in nahezu jedem Training notwendiger Bestandteil. Die vorliegenden 25 Übungen zum Einwerfen bieten hier verschiedene Ideen, um das Einwerfen sowohl für Torhüter als auch für die Feldspieler anspruchsvoll und abwechslungsreich zu gestalten. Ein besonderer Fokus liegt dabei darauf, schon beim Einwerfen die Dynamik der Spieler zu verbessern.

Die Übungen sind leicht verständlich durch Text und Übungsbild erklärt und können in jedes Training direkt integriert werden. Ob gekoppelt mit koordinativen Zusatzübungen oder vorbereitend für Inhalte des Hauptteils, kann für jedes Training und durch verschiedene Schwierigkeitsstufen auch für jede Altersstufe das Einwerfen passend gestaltet werden.

Effektives Einwerfen der Torhüter Teil 2 (25 Übungen)
2. Teil mit weiteren Übungen

Handballnahe Spiele zur Erwärmung (25 Übungen)
Handball lebt von schnellen und richtig getroffenen Entscheidungen in jeder Spielsituation. Dies kann im Training spielerisch und abwechslungsreich durch handballnahe Spiele trainiert werden. Die vorliegenden 25 Spiele schulen bereits beim Erwärmen die Spielfähigkeit. Hier kann sich jeder Spieler einbringen und mit Spaß ins Training starten.

Die Spiele sind leicht verständlich durch Text und Übungsbild erklärt und können in jedes Training direkt integriert werden. Durch verschiedene Schwierigkeitsstufen, zusätzlichen Hinweisen und Variationsmöglichkeiten, können sie für jede Altersstufe angepasst gestaltet werden.

Spielerisch zu schnelleren Beinen (25 Übungen)

Schnelligkeit ist eine der wichtigsten konditionellen Fähigkeiten im modernen Handball. Kurze Antritte mit maximaler Belastung entscheiden über den Erfolg der Aktionen. Mit den vorliegenden 25 Wettkampfspielen kann im Training die Schnelligkeit spielerisch und mit Spaß trainiert werden, in Einzelwettkämpfen, bei denen jeder für sich selbst arbeitet und in Wettkämpfen zwischen mehreren Teams.

Die praktischen Übungen sind leicht verständlich durch Text und Übungsbild erklärt und können in jedes Training direkt integriert werden. Durch verschiedene Schwierigkeitsstufen und zusätzliche Hinweise und Variationsmöglichkeiten, kann das Schnelligkeitstraining so für jede Altersstufe abwechslungsreich gestaltet werden.

Wurfserien und Kreuzbewegungen (25 Übungen)

Der Wurf ist ein zentraler Baustein des Handballspiels, der durch regelmäßiges Training immer wieder erprobt und verbessert werden muss. Deshalb ist es immer wieder sinnvoll, Wurfserien im Training durchzuführen. Die vorliegende Übungssammlung bietet 25 verständliche, leicht nachzuvollziehende praktische Übungen zu diesem Thema, die in jedes Training integriert werden können.

Angefangen von einfachen Wurfserien für die Verbesserung und Automatisierung der Wurftechnik von verschiedenen Positionen bis hin zu komplexen Abläufen mit gekoppelten Auslösehandlungen, bei denen der Werfende sich auf immer neue Situationen einstellen und den optimalen Wurf finden muss, sind hier Beispiele in verschiedenen Schwierigkeitsstufen beschrieben. Mit diesen Ideen lässt sich das Training des Wurfs für jede Altersstufe abwechslungsreich und immer wieder neu gestalten.

Spieleröffnungen im Handball (15 Auftakthandlungen)

Im gebundenen Spiel 6 gegen 6 ist es nicht immer einfach, eine kompakt stehende Abwehr zu überwinden. Mit diesen Auftakthandlungen (Auslösehandlungen) bringen sie Bewegung in die gegnerische Abwehr.

Mehrere Weiterführungsmöglichkeiten bieten variable Abschlussmöglichkeiten.

Koordination mit Ball - Koordinative Grundlagen mit Ball trainieren (25 Übungen)

Koordinative Fähigkeiten sind eine Grundvoraussetzung für eine erfolgreiche Handballausbildung. Deshalb sind Übungen zur Koordination elementarer Bestandteil jedes Handballtrainings. Das vorliegende Buch soll Ihnen mit 25 Einzelübungen Anreize geben, wie handballspezifische Koordination abwechslungsreich gestaltet werden kann.

www.ingramcontent.com/pod-product-compliance
Lightning Source LLC
Chambersburg PA
CBHW042130080426
42735CB00001B/28